U0067928

歐 遊 情 懷

白雪、Aima、列當度、許思庭、銀河鐵道之夜

合著

天空數位圖書出版

目 錄

⋒德國海德堡城堡，充滿歷史及滄桑滋味。（白雪攝）

∩德國的林德霍夫宮號稱金色城堡,城堡門前就已經是大型金身愛神美女與幾個小天使喜水的噴水池,每隔一段時間就有自動噴泉表演。(白雪攝)

⌒德國國會會議廳不算太大，但莊嚴肅穆，光線通透，無數次的國際
大事都在此商議。（白雪攝）

⌒德國國會玻璃大圓頂是必到之處，圓頂中間的大樑柱四面分層鑲
上玻璃鏡，很有特色。（白雪攝）

⌒德國巴伐利亞州的基姆湖，其淑女島被叢林包圍，像似一層神秘的
保護面紗。（白雪攝）

🎧哈爾施塔特被譽為奧地利、甚至是歐洲最美麗的小鎮，只要有相機
都能拍出如明信片般的照片。（白雪攝）

🎧拿坡里的經典角度之一，是攝影師們最喜歡捕捉的鏡頭角度。
（Aima 攝）

↑羅馬機場裡的 KIMBO 咖啡。（Aima 攝）

↑台中某義式餐廳的內部以及其拿波里披薩協會 AVPN 認證的標誌。
（Aima 攝）

🎧沒仔細比較的話，會把這個天穹當成是羅馬萬神殿。
（Aima 攝）

↑各種號角。（Aima 攝）

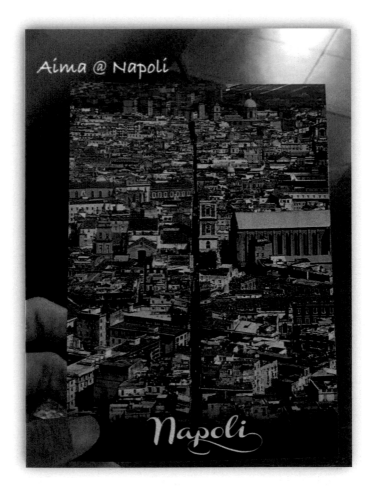

⌒斯帕卡拿坡里，被分裂的城市（取自在當地買的明信片）。
（Aima 攝）

🎧拿坡里中的拿坡里：從 Toledo 街望向西班牙區。（Aima 攝）

⏶Murales Pudicizia，拿坡里球迷的朝聖景點，不單只是這幅壁畫而
已喔！（Aima 攝）

∩ 受限於都市計畫，巴黎大多數咖啡館店面既不寬敞，除室內座位外，屋簷下或戶外通常還會擺設露天座位，坐在這裡，要承受著路人的目光。（銀河鐵道之夜攝）

🎧在巴黎的塞納河右岸，沿香榭麗舍大道漫步往協和廣場、凱旋門，
折返後再看看夜間的羅浮宮廣場，會是相當悠閒舒適的一天。（銀
河鐵道之夜攝）

🎧花都巴黎予人印象多半是浪漫而優雅，巴黎鐵塔之夜景尤甚。（銀
　河鐵道之夜攝）

∩法國菜式相當精緻好吃，因為法國人除了味道外也相當注重視覺。
（銀河鐵道之夜攝）

♠每家餐廳做出來的法式甜點，不論外觀或擺盤都堪稱藝術品。（銀
　河鐵道之夜攝）

🎧德國人嚴肅看待歷史,不迴避曾經犯錯,將納粹黨及其主張列為非
法同時,也保留納粹時期留下的遺產,例如位於柏林,為 1936 年
夏季奧運興建的奧林匹克體育場。（銀河鐵道之夜攝）

∩沃夫斯堡主場福斯體育館。（銀河鐵道之夜攝）

∩沃夫斯堡練習場內青年隊更衣室。（銀河鐵道之夜攝）

海德堡城堡
Schloss Heidelberg

文：白雪

　　海德堡城堡位於德國南部，是有名的城堡廢墟，是阿爾卑斯山以北最著名的文藝復興時代建築。城堡建於王座山上的 16 世紀紅砂岩城堡遺跡，位於 80 米高的山坡北部，從而可以俯視舊城區。

　　由市區到古堡可以沿著石梯漫步，也可以選擇搭乘纜車，若自駕到城堡的，城堡附近也有免費停車場，但假日裡比較難找停車位，我們就是因為找不到靠近城堡的停車位而被逼從很遠行走過去。

　　尚未進入城堡，已被這座古建築物吸引，外觀裝潢細膩，雄偉壯麗，它被一大遍的綠草叢樹圍繞著，走在地面也覺得很漂亮。

　　邁進古老的城堡，一股充滿歷史、滄桑滋味靜靜地撲面而來，世界最大的橡木貯酒桶也安靜地跟著歲月在酒窖內保存至今，雖然酒窖已退休不再貯酒，但每天會接待成千上萬來至世界各地的遊客，展示德國釀酒的史詩，遊客們在酒窖裡都小心翼翼地行走和拍照，連聊天的聲音也壓得很低，生怕會吵醒沉睡了幾百年的大貯酒桶。

　　穿過城堡走上瞭望台，在那可以俯瞰海德堡城區，一覽舊城區、海德堡古橋、內卡河漂亮的景緻，這裡算是海德堡最美麗的一個點。

　　圍繞著城堡的是一大遍綠草樹林，有很多年輕人在樹林裡穿梭喜戲、也有一大群的小朋友在大草地上奔跑、還有美男美女們以城堡和遠處的舊城區作為背景亮點在擺姿拍照，即使花上一整天的時間遊覽城堡，也不會覺得煩悶。

　　參觀城堡需要付費，大約歐羅七元，費用包括遊覽宮殿、德國火藥博物館、大酒桶及纜索列車；另可跟隨導覽，約歐羅五元，可以參加英文導覽或者租借導覽機；城堡開放時間為每天上午八時至下午六時正。

　　順便一提的是海德堡市，它經常被描述為德國最美麗的城市，由文藝復興時期的美麗建築物與內卡河兩岸生動的綠色山丘所構成，市內美景如畫，由城堡下山步行至舊城區的老橋也只不過 20 分鐘左右，站在橋頭上直觀內卡河的兩岸，同時可以欣賞到即有古堡又有高樓、即有古典又有現代的壯觀景色。

菲森、新天鵝堡、林德霍夫宮
Füssen, Schloss Neuschwanstein, Schloss Linderhof

文：白雪

菲森是德國巴伐利亞州的一個城市，位於萊希河河畔，距離奧地利邊境僅有五公里，人口只一萬四千多人。黃昏的市鎮雖然有些陰暗，但街上的房屋可是鮮艷多彩，上網查詢餐館時，才發現小小的市鎮隱藏著幾家米其林餐廳，去了一家還滿座無法享用呢。隨便走進一家德國口味的餐廳，從店的外牆設計到室內擺設，以及食物和啤酒質素都讓人拍手叫好，更重要的是著名的新天鵝堡和高天鵝堡均位於附近，是行程中的最佳休息站。

新天鵝堡是 19 世紀國王路德維希二世建造的山頂城堡，由於它有著童話故事中仙境城堡般的外形，所以我很期待看到這所古堡。

由菲森開車到新天鵝堡只需十分鐘，還算滿近的，我們一早出發，想在人潮出現之前到達城堡，哪知道人人都想早些到，當到達城堡時只不過上午 9:15，但售票處已被遊客擠得滿滿的，好在我們事先已上網訂購了德國巴伐利亞邦 14 天宮殿套票，即省錢又方便，更免了排長隊的痛苦。

從山腳售票處前往城堡有三種方式，走路、坐巴士及搭馬車，當時的氣溫還不到四度，下著雪雨有點冷，走吧，就當作運動來暖暖身子，上山的路還算寬敞，好幾次與大馬車擦身而過。抵達城堡時已下起了大雪，飄雪芬飛白茫茫，飛雪中昂首新天鵝堡，好像處身於童話故事裡，浪漫極了，五月天遇上下雪實屬難得一見，雖然穿得單薄，但仍不減興致，當下秒拍了不少的照片，感覺上每個來城堡的遊客對童話故事都非常有興趣！進入城堡後是不準拍照的，之前想著這 19 世紀帝皇的城堡

一定很富麗堂皇氣勢非凡，但所看到的殿堂內，大部分正在進行裝修工程，雖有英文導航講解，但興致也減了大半，除了大量的壁畫和水晶吊燈外，其他的物件也沒能記得太多，好像還有在嘲笑那張皇帝休息的龍床這麼小，甚至還不是三邊可下床的那種空間。

走出城堡後，雪越下越大了，怕下山的路不好走，所以還是找到了借口乘坐馬車，這些都真是高頭大馬，而且非常乾淨，馬夫一定把馬兒都打理得很好，一路下山連叮點的異味也察覺不到。

離開新天鵝堡，火速開車去林德霍夫宮，它是巴伐利亞國王路德維希二世建造的三座皇宮中最小的一座，也是唯一他在世時完工的一座，號稱金色城堡，它比起新天鵝堡更加氣派輝煌，城堡門前就已經是大型金身愛神美女與幾個小天使喜水的噴水池，每隔一段時間就有自動噴泉表演，而城堡內的房間地毯、雕像、壁畫極盡奢華，每面牆壁都鑲上金光閃閃的金箔，國王的寢宮和辦工廳內以金色調和藍色為主色，而皇后的寢宮是粉紅與金色配襯，即高貴又炫麗，令人印象深刻。由於當時的國王不喜與外界接觸，就連餐桌也特製成升降式的，僕人在一樓將餐飲準備好後放到升降桌，升到二樓給國王用餐，盡顯王宮的豪華奢侈。來到後花園，也是以女神為主體的金色雕像，配上四周低矮的花壇，由小徑可直達涼亭，一遍春色滿圓、四季如春的景象。

林德霍夫宮不像新天鵝堡般名聲大噪，所以參觀不需要預約，開放時為上午 8:30 至下午 5:30，但它是根據不同語音嚮導的時間安排分次入場，門票也是包括在巴伐利亞邦 14 天套票內的，不用另外付款。

奧地利因斯布魯克
Innsbruck

文：白雪

到訪奧地利之前，原本有個行程是坐纜車登上楚格峰，但因受天氣影響，唯有臨時取消登山的行程，改到楚格峰山角的艾布湖去逛逛。

艾布湖是一個風景優美的生態景區，湖面清澈透明，水鴨成雙成對地在水上悠游，給人第一感覺就是寧靜、美麗、乾淨、悠閒，無論是夏天還是冬天，這裡一定是個散步或騎自行的好地方，湖邊有家酒店，酒店和它的倒影，組合起來的畫面更使整個湖景錦上添花，那些停泊靠岸的水上單車，色彩繽紛，也為艾布湖添了不少生氣。靜靜地站在楚格峰山角下的艾布湖畔旁，一眼望去也不夠十幾個人，但竟然能遇上兩組來自香港的遊客，異地遇同鄉的滋味真是難以忘懷，而其中一個還是單身獨遊德國的女生，心中非常佩服。

離開艾布湖，我們驅車過境直往奧地利的因斯布魯克。因斯布魯克位於奧地利西部群山之間的因河畔，是蒂羅爾州的首府，奧地利第五大城市，位在阿爾卑斯山脈的北邊，站在街上的任何位置，都很輕意地仰望到阿爾卑斯山，它是著名的滑雪勝地，冬季奧林匹克運動會曾於 1964 年和 1976 年兩次在此舉辦。

名勝黃金屋頂就在市內，宮廷教堂、因斯布魯克主教座堂、宮廷花園、凱旋門等全部景點都集中在附近，還有大量的斯華洛世奇水晶等著你選購……這回是第二次到訪這座城市，第一次應該在好幾年前了，雖說是舊地重遊，但這地方的周邊環境並沒有兩樣，記憶中的建築物都還在，就連曾經光顧過的雪糕店也還在，忍不住又買了兩球雪糕站在店鋪旁回味。

　　因斯布魯克是一座有名的大學城市，所以到處可見文青咖啡廳、藝廊、餐廳、酒吧，當地人大多數會說英語，可能因遇上多半是學生的原故，他們好像都在半工半讀，看上去都很有氣質，連整個城市都充滿著文化氣息，花店的花籃、花車隨意地擺放在路邊，但仔細觀察後又覺得似精心布置而刻意地留住行人的腳步。

德國首都——柏林 I
Berlin I

文：白雪

　　德國的首都柏林，也是德國最大的城市，現居約 360 萬人，柏林是歐盟區內人口第三多的城市、也是占地面積第八大的城市。

　　柏林給我的第一印象，除了到處是高樓、高牆、建築物宏偉之外，博物館也特別得多，還有赫赫有名的德國國會大廈，莊嚴地聳立在市中心，一到冬季就有一種既嚴肅又冰冷的感覺，加上天陰陰，有時還下起毛毛雨，這種寒風刺骨的印象並不優越。

　　柏林圍牆 Berlin Wall Memorial East Side Gallery（也稱東邊畫廊），實際上是殘存的一段柏林圍牆，它現在擁有 100 多幅露天塗鴉壁畫，裡面有最出名的「兄弟之吻」，描繪著的是前蘇聯領導人勃列日涅夫親吻前東德領導人昂納克，象徵着前蘇聯和東德戰略合作的密切關係。這一段歷史遺留下來的圍牆，讓人們可以深入地去了解第二次世界大戰後被分隔開 40 年的柏林兩岸：一個是鐵幕背後的西方堡壘，另一個是爭奪共產主義優勢的首都。

　　遊柏林的另一項重頭戲，就是參觀德國國會大廈，它是 19 世紀的 Reichstag 建築，在二次大戰中被毀，之後經過重新改造和擴建，並加入玻璃圓頂，若想參觀國會大廈，最好提前兩個月在網上預約，是免費的，並有專員嚮導，一路講解國會內的各項設施，我那次去參觀的時候，是由一位女嚮導帶領，她在解說時是那樣的氣定山河，說詞滔滔不絕，有問必答，一看就覺得是個和德國女總理 Angela Merkel 一樣的女強人，她還特意在路過德國總理 Angela 的辦公室門前停留片刻，以便讓我們拍照留影。國會會議廳不算太大，但莊嚴肅穆，光線通透。大廈頂樓的

玻璃大圓頂是必到之處，圓頂中間的大樑柱四面分層鑲上玻璃鏡，站在玻璃柱的旁邊往上看，可以在不同層數的大鏡子裡看到好多個自己，向上揮一揮手，多面鏡裡同時好像有一隊人群向你齊齊揮手，非常有趣。繞着大鏡柱的斜坡步道逆時針往上走，一直可以走到大圓頂的頂端，每走一步都可以欣賞到，從國會大廈放眼俯瞰城市的周邊景象。

德國首都——柏林 II
Berlin II

文：白雪

　　柏林市中心的波茨坦廣場看似平凡，但周圍都是現代建築，高大而時尚的建築設計真的令人讚嘆。而且這裡是運輸路線交匯的地方之一，除了公車和出租車，還可以選擇地鐵 U 線、S 線，四通八達，可地鐵站台裡並沒有閘口，當地人都會自覺地買票上車，我們雖然不懂德文，卻對站台旁的售票機很感興趣，像幾個鄉巴佬在指手劃腳試着用售票機，但最後還是需要路過的當地人幫忙協助才成功買票。

　　巴黎廣場旁邊的布蘭登堡門 Brandenburg Gate，又稱「德國之門」，是唯一僅存的柏林城門，也是德國的國家標誌，它不僅象徵和平，也象徵自由。修復過的 18 世紀大門和地標，建築以黃色為主色調，擁有 12 個多立克柱，頂端是古典女神的雕像，在陽光下漂亮極了，門的前後方都是開揚的廣場，令人心曠神怡。廣場內的遊客人聲鼎沸，想找個沒有行人的純背景拍照並不容易。

　　從布蘭登堡門經過巴黎廣場沿著菩提樹下大道一直往前走，就可以看到一所巨大的古典建築物，彷彿置身於聖彼得廣場，它就是著名的洪堡大學，德國首都柏林最古老的大學，成立於 1810 年，至今已有一百多年的歷史，被譽為「現代大學之母」，從成立起就確定了教學與科研為一體，是第一所新制的大學，對於歐洲乃至於全世界的影響都相當深遠。名人馬克斯、恩格斯都曾就讀過柏林洪堡大學，物理學家愛因斯坦也曾經在此任教。

　　歐洲被害猶太人紀念碑——這片紀念碑的設計從根本上打破了紀念碑的概念，放棄了使用任何一種象徵性的符號，由 2,711 個高低不等的

水泥碑組成，遊人參觀時可在其中隨意穿行，在參觀這容易「迷路」的混凝土塊中，可以靜靜地花點時間思考一下，它代表了什麼以及曾經發生過什麼……

　　柏林的街道上有另一個特別的地方，就是行人過馬路用的交通燈——AMPELMANN 小綠人和小紅人，是柏林專有的交通燈標誌，它們本身是前東德的產物，所以有區域限定，當綠燈閃亮時，小綠人戴了頂有氣質的紳士帽，很優雅地跨出步伐，當變為紅燈時，小紅人則是規規矩矩地站著，示意行人暫停過馬路。小綠人在市內有好幾家紀念品專賣店，有的店內還附設咖啡餐廳，座位舒適、糕點美味，紀念品琳瑯滿目，逛累了柏林大街，小綠人專賣店也是一個不錯的休息站。

　　柏林值得遊覽觀賞的地方還很多，德國本身就是工業發達的國家，對於賓士橋車大家並不陌生，Mercedes-Benz 的字眼和它的標誌在市內比比皆是，不單是賓士橋車，還有賓士大貨車，更有賓士銀行和賓士購物廣場，真是大開眼界。德國有三個世界之最的汽車展覽博物館，最大的就數賓士，另外依次為寶馬和保時捷，可惜受時間局限，只到訪了莫尼黑的 BMW 寶馬汽車博物館，以後有機會，重遊德國一定要去世界第一的賓士博物館。

基姆湖
Chiemsee

文：白雪

基姆湖是德國巴伐利亞州的一個淡水湖，面積約 79.9 平方公里，鄰近奧地利，湖上有三個主要島嶼，最大的是紳士島（ Herrenchiemsee ），第二個是淑女島（ Frauenchiemsee ），最小的島稱為香草島（ Krautinsel ）。

我們早餐後由奧地利的薩爾斯堡出發，以每小時 200 公里的車速直奔去基姆湖的船碼頭，碼頭停車場一天停車費只需歐羅 4.5 元，在歐洲來說是非常便宜的停車費了，有驚喜開始的一天，就覺得接下來的旅程也會順利美好。

我們選擇了乘船套票遊覽紳士島和女士島，只需 9.7 歐元，船程不到半小時，飽覽了湖面風光之後登上紳士島，跟著人群首先來到海倫基姆湖宮參觀，它是巴伐利亞國王路德維希二世在 1878 年興建的精緻宮殿，以凡爾賽宮為設計藍本，有提供導覽服務，反正講不懂德文，還是到處隨意逛逛為好。宮殿內裝潢奢華，金壁輝煌，極致豪華的裝飾搞得頭暈目眩，可惜不能拍照，唯有走馬看花地兜了個圈就出了宮。一出宮外真是有海闊天空的感覺，迎接你的是藍天白雲和森林草地，有一大片的花草樹木包圍著你，宮殿外首先是噴泉花園，接著是一大塊草地直鋪遠處的湖畔，兩旁樹木林立，還有很多小花園間隔著，整個宮庭的範圍幾乎可以與凡爾賽宮相媲美。

宮庭正門外的御花園噴水池有幾座巨型噴泉，各皆有自己的主題，有的是美神、有的是戰神，噴泉水柱變化萬千，吸引著每一個遊客的目光，所到之處無不與美神銅像留影。

　　噴水池前面有一片草地，走近草地的感覺又是另一種驚喜，站在綠草如茵的草地上向前一望無盡，那是建築師很豪氣的闢建了一條貫穿全島的廊道，要確保國王的視線不會被森林所遮蔽。草地兩旁高大的樹蔭林立，望去更是覺得無窮無盡，以此作為背景拍照，其效果仿如出自攝影棚的幻覺，疑幻疑真。

　　過了御花園走入森林中，見有一輛馬車經過，年輕的馬伕帶著太陽鏡和草帽，拉著韁繩漫不經心地駛過一個小教堂，這一場景好似在什麼電影畫面裡見過，當時的感覺仿佛置身其景參與了一場電影的拍攝。

　　逛了大約兩個小時後，我們乘搭渡輪去了淑女島，一路所見風光明媚，湖天一色，幾朵白雲蕩漾在天空中，湖中還有好多帆船在乘風破浪地圍繞著淑女島運行，水面漣漪不斷，有時還會看到水鴨子成群集隊遊玩，淑女島幾乎被叢林包圍著，渡輪慢慢地駛向岸邊碼頭，我們要撥開它那神秘的面紗。

　　島上有一座 1,200 多年歷史的教堂，是德國現存最古老的建築物之一，與紳士島上宮庭的豪華壯觀截然不同，淑女島更讓人感到清幽寧靜。沿著湖邊行走，不時會看到輕年男女成雙成對地坐在草地上閱讀、聊天、休息，也有上了年紀的老人坐在湖邊樹蔭下的長櫈上，靜靜地望著湖面賞景，身邊的小鴨子走來走去，一點都不怕人類，有時還特意在你面前搖擺，用它友善的眼光向你打招呼呢。

　　淑女島上還有住宅，都是漂亮的花園小木屋，花園裡的花品種繁多，有玫瑰花、茶花、太陽菊、鬱金香……當經過其中一家的木柵門前，有

隻黑白毛色的小花貓，懶懶地躺在地上晒太陽，右手突然舉起，一名男
遊客見況就蹲下身去，用右手握住小花貓的右手，小花貓並沒逃脫，任
由男遊客握手、撫摸，持續了一段很長的時間，小花貓的反應很是享受，
直到我們離開走遠了，依然見他們還在互動。

　　基姆湖還有其他幾個小島嶼，不是太出名，又沒有特別的建築物，
遊玩淑女島之後，夜幕降臨了，我們趕著渡船的班次回上岸去了。

哈爾施塔特
Hallstatt

文：白雪

　　哈爾施塔特，奧地利州薩爾茨卡默古特地區的一個村莊，位於哈爾施塔特湖湖畔，海拔高達 511 米，2005 年底時只有九百多名居民。早在 1997 年，這個迷人的小村被列為世界文化遺產，是歐洲重要的考古遺跡之一，現在也是熱門旅遊目的地。

　　哈爾施塔特被譽為奧地利、甚至是歐洲最美麗的小鎮，鎮內只有一條主要街道，白天不能開車，所以我們一早在鎮外泊了車走進來，步行十多分鐘就可以走遍全鎮。

　　小鎮一邊是依山而建的建築物群，都是歐式傳統鮮艷的小房子，最多也只有三、四層樓高，但非常耀眼。另一邊是湖畔船屋，小小的房子都靜靜地站立在湖面上，湖上有很多天鵝不停地圍着船屋在轉，最顯眼的是基督教路德教堂，在矮小的房屋群中更顯高度，船屋、教堂連着湖畔的美景有如仙境一般，只要你拿起相機隨便拍，都能拍出明信片的樣版，而且還不用修圖。相機能拍到的也只是部分，現場看到的整個仙境真是美到連聲直呼驚奇，這種良辰美景確實無法形容。

　　小鎮唯一的主要街道上有個小小的中央廣場，也是遊客必到之處，這廣場最多也只有兩個籃球場的大小，中央是 Marktplein 紀念柱，街道兩旁也有一些小商店，路經一間蛋卷店看到有人在排隊，天氣太冷聞又到香甜的食物味道，更是覺得肚子餓，於是也加入了排隊行列。等候的時間太無聊，上網查看該店的介紹，原來這家是在地很出名的「每天新鮮烘焙」必吃名店，心裡暗自高興，決定每人一個可以大快朵頤了，這

款甜點大約 2.5 歐，外層類似牛角酥，裡面塞滿了忌廉奶油，酥皮已很是油膩，再加上太甜的餡料，吃了一半已經咽不下去了……

　　哈爾施塔特（Hallstatt），其名稱中的「Hall」可能源自於古克爾特語的「鹽」，得名於村莊附近的鹽礦，歷史上這一地區就因鹽而致富。我們特意購買了「纜車+鹽礦」的套票，坐纜車登上山頂參觀鹽礦（Salt mine Hallstatt）。進入鹽礦還得穿上指定的衣服和褲子，可能這是世界上最古老的鹽礦之一，裡面還有二條最古老鹽礦滑溜梯的原故，要好好地保護，所以外人必須換上特製的衣服以免損壞了古物。這鹽礦至今還有沒有製鹽不得而知，但出了鹽礦之後，給每個光觀客派發了一小樽食鹽，說是世界上最好的食鹽，小瓶子很特別，就當是紀念品吧。

　　山頂除了鹽礦，還有天空步道和觀景台，離開鹽礦步行一小段路直達步道，在步道上已經可以俯瞰整個哈爾施塔特以及湖的對岸，居高臨下的感覺甚是驚喜，那天天氣不晴朗，有時還下着小雨，滿天瀰霧，有時雲霧散去，眼前的湖光山色清晰可見，仿如置身仙境溶入幻想的童話中，當走上觀景台時，雲霧又籠罩了整個世界，伸手不見五指，又彷彿整個宇宙只剩下了自己一個。

拿坡里中的拿坡里：西班牙區

文：Aima

　　緊鄰著沃梅羅區（Vomero）、在山丘西側延伸下去的西班牙區（Quartieri Spagnoli），是 Spaccanapoli 的終點，16 世紀哈布斯堡王朝為了防止拿坡里人民反叛，讓西班牙軍隊臨時駐守在此而建設，因而得名為西班牙區。此區域可以說是「最拿坡里」的地方了，不但是拿坡里語使用最為普遍的地區，該區的建築 Basso（拿坡里語：'o Vascio）也是人們對拿坡里最強烈的印象之一。「又黑又狹窄的巷弄裡，衣服懸掛晾乾在兩棟建築物之間。」Basso 直譯為「低音」的意思，用來形容最貧苦的小老百姓居住在建築物的最底層，在這個有限的空間裡，可能只有一至兩個房間，然後廚房、臥室、廁所全部都在一起，打開門就是街道，有的 Basso 甚至沒有窗戶。在義大利名導狄西嘉（Vittorio De Sica）向拿坡里致敬的電影《拿坡里黃金 L'oro di Napoli》裡，清楚的表現出人們是如何生活在這樣艱苦的環境裡，拿坡里黃金正是拿坡里市井小民生活的寫照，幽默又有點誇張（而這份微微的誇張對拿坡里人來說，或許只是樸實平凡的），每當回想起電影的內容，都不禁令我莞爾一笑，不愧是大師的作品！

　　西班牙區一般被認為是治安較差的區域，不過我曾在此區的 B&B 住過七個晚上，B&B 的主人 Toni 是一位在 Ischia 島教書的小學老師，每天早上搭船去上課，下午再搭船回家。他的 B&B 位在老舊公寓的第三層樓，有四個大房間、以及一個大客廳、大廚房、兩間浴室、兩個大陽台，Toni 把環境整理的非常乾淨舒適，而且住宿房間是兩人一室，相當單純！要不是因想到若要住宿，就得把我的大行李箱從一樓爬著蜿蜒

的古老石梯一路扛到三樓，我真的很想每次都住這裡【笑笑笑】！Toni 每天的例行公事，就是在晚上九點鐘左右打掃兩間浴室，每當打掃時他都會讓陽台保持完全開放的狀態，把音響的音量調到最大聲，然後播放各種義大利歌曲，一種「好音樂就是要跟整條街的住戶分享」的概念，我觀察的結果是大家都很欣然接受這份好意。有一晚，音響播放著《威爾第：歌劇【茶花女】》的飲酒歌，我的智利帥哥室友 Gianluca 正在客廳跟我分享他從智利帶來的美酒，我茫茫的喝著酒，一邊聽著這首豪邁不羈的古典音樂，一邊幻想著歌劇中舞會的畫面，偶爾看看我的智利室友，心中想著完全不重要的事情：「這個人會不會太誇張了點！紅酒直接在義大利買不就好了？何必還要大費周章的從智利帶過來！」偶爾望向正在打掃浴室、唱歌唱到忘我的 Toni，偶爾目光停留在陽台外閃爍的夜燈……義大利啊義大利！還有甚麼比這個更義大利呢？！

這幾天發生了一件令拿坡里人意想不到、悲痛不已的大事，阿根廷的世紀球王迪亞哥・馬拉度納（Diego Maradona），在 2020 年 11 月 25 日不幸與世長辭了。拿坡里是馬拉度納效力最多年的職業足球隊，他個人職業生涯的精華都在拿坡里，也是把拿坡里這支保級的弱隊推上巔峰的傳奇球星。拿坡里在其帶領下，分別在 1987 年以及 1990 年奪取至今唯二的義甲冠軍。在拿坡里，馬拉度納是神，人們稱他為 D10S，是西班牙文「Dios（神）」的文字遊戲。拿坡里古老的樂透遊戲中，原本 10 這個數字代表的是豆子，後來也演變成代表馬拉度納（因為 Maradona 在拿坡里身著 10 號球衣）。更誇張的是 1990 年的世界盃，拿坡里人在四強決賽中上演「叛國」戲碼，沒支持義大利，反而支持阿根廷。在西班

牙區裡的 de Deo 街（Via Emanuele de Deo）上，有一幅很有歷史意義的馬拉度納壁畫。此壁畫於 1990 年拿坡里得到第二座義甲冠軍後，由 Mauro Filardi（一位黑幫的領袖，2010 年過世）執筆作畫。在歷經多年的風風雨雨，這幅壁畫幾乎快消失了，當代的年輕拿坡里藝術家 Salvatore Iodice 在 2015 年修復了它。爾後，2017 年再由阿根廷的藝術家 Francisco Bosoletti 賦予這幅壁畫新生命，讓此壁畫更為真實、有朝氣、更為出色！這幾天，拿坡里的球迷們在城市各處的馬拉度納壁畫下以及聖保羅球場的外圍，獻上蠟燭與鮮花束、並在鐵網上繫了藍色的圍巾，老一輩的球迷們有的掩面啜泣、有的相擁痛哭，非常哀戚……

黃金之風奇幻旅程

文：Aima

　　雖然我也會介紹一些中文旅遊書上常出現的景點（以及一些中文旅遊書上不容易閱讀到的景點），但這篇文章比較著重於我個人旅行中遇到的人、事、物以及我的感受。

　　「拿坡里」是義大利語的翻譯，我喜歡這樣稱呼這個城市；或可以更道地的稱呼她為 Napule（暫時翻譯為：那普雷），來自當地的拿坡里語。已故的拿坡里知名歌手 Pino Daniele 就寫了一首《Napule è》描述他心中的故鄉，Pino Daniele 是一位非常非常受到拿坡里人愛戴的歌手。

　　初次來到拿坡里，是在 2016 年的春天。我抱著極度期待以及一點兒害怕的心情，一個人搭火車到拿坡里中央車站。一出車站，我整個心都要跳出來了！只見一群過客圍繞在車站內的直立式鋼琴旁，隨著琴聲一邊拍手、一邊大聲又開心的唱著拿坡里民謠《O surdato 'nnammurato》（戀愛中的士兵，1915 年）。這首歌描述第一次世界大戰時，在前線戰鬥的士兵的悲傷以及他對遠方愛人的思念，如此哀傷的故事卻是搭配著輕快的節奏，正如拿坡里人的人格特質，不論多麼哀傷都永遠樂觀的向前看。我癡呆的睜大眼睛看著這一切，不禁紅了眼眶……從小我就對多首的拿坡里民謠耳熟能詳，但再怎麼熟悉，我與這些音樂是有距離的；而現在這些音樂就活生生的展現在我面前……哪有不激動的道理呢？！接著第二首歌《A Marechiaro》（在 Marechiaro，1886 年），Marechiaro 是一個座落在波西利波地區的靠海小村莊，由於是歌頌得不到的愛情，所以大家都神情凝重憂愁的唱著這首歌，我拍下他們唱歌的樣子，心想……「不愧是義大利，大家都是戲精」！（很可惜的是，這台琴在我

2018 年第三度拜訪拿坡里時，就已經不在車站裡了，2019 年也沒看見……我有詢問過當地就讀音樂系的朋友，他也不知道鋼琴被搬走的原因。）

　　一段時間後，我終於與我人生中第一位義大利朋友（也是我第一位拿坡里朋友）在車站碰面了！他叫做 Francesco！他是我生命中一個非常非常重要的貴人。一般義大利中部人、北部人（甚至部分的南義人）對拿坡里人都抱持著反感多於好感的態度，認為拿坡里人普遍好吃懶做、不值得信賴。但 Francesco 是一位不但傳承拿坡里優點的青年，幽默、熱情、大方、樂觀，更是一位努力向上、說得到做得到的大好人。拿坡里人有一種很特殊的性格，就是當一個拿坡里人認定你為他的朋友時，他便會全心全意、把你當作家人一樣看待。在南義，家人之間是一個非常強大的羈絆，縱使日新月異，「家人」的核心價值依舊不曾改變。

　　此行 Francesco 帶我拜訪不少拿坡里知名景點。之後，第二次至第四次的拿坡里之行，我也獨自拜訪一些景點，又或是跟其他朋友一起。

天藍色之城

文：Aima

最最最重要的景點：「蛋堡」（Castel dell'Ovo）

蛋堡的傳說，我就不在此贅述，很多旅遊書都有提到。我對蛋堡是情有獨鍾的，因為，這真的很重要。女生到歐洲旅行，最不方便的就是找廁所了，雖說在義大利的法律上有明文規定「跟店家借廁所，店家不能拒絕。」但我從來不敢免費借廁所，一定會點一杯咖啡或是果汁，這就造成了惡性循環【笑】。參觀蛋堡，不但免費，而且還有整潔度差強人意的免費廁所【笑笑】，根本是女生的天堂好嗎？只是廁所距離城堡入口有一段距離，而且要爬很多坡，請務必多加注意啦！

雖說蛋堡 = 廁所這件事情已經深植我心（誤），但還有一件很浪漫的事情，那就是蛋堡 = 世界上最美麗的夕陽海景。從蛋堡可以欣賞到不同角度的夕陽美景，不論是從城堡的頂部，或是轉角處偶爾瞥見的窗口，都能看見拿坡里灣與拿坡里市區的房子所交織而成的夕陽海景，或是聖塔露琪亞港的夕陽。由於蛋堡的地理位置跟街道有一段小距離，所以可以在此地享受片刻的寧靜。（附註：我另一個拿坡里好友 Michele 說他第一次跟女友接吻就是在蛋堡裡……，所以蛋堡是非常浪漫的！）

蛋堡的周圍都是餐廳，因為此處風景優美，可以一邊享用美味的義大利餐點，一邊欣賞聖塔露琪亞港以及海灣之後最經典的維蘇威火山及索馬山（Mount Somma）。由於餐廳非常多，所以我強烈建議先 Google 餐廳的評價，再做選擇。不知道看到「聖塔露琪亞」這幾個字有沒有一種熟悉的感覺？如果我可以唱出來，可能就會有很多人理解了！小學時

音樂課本裡都有一首歌《散塔露琪亞》就是一首拿坡里民謠喔！訴說的便是這個港口。

　　除了第一次住宿是住在 Francesco 家以外，後來我都選擇住在地鐵站「Toledo」附近的青旅或是 Air B&B，其中一個原因是 Toledo 地鐵站本身就是一個藝術品，而且地理位置也好，周圍都是觀光區。托萊多（Toledo）地鐵站位於拿坡里地鐵的一號線，以附近的托萊多大街（Via Toledo）命名。它獲得了 2013 年 LEAF 獎的「年度公共建築」獎，車站內的設計非常特別，有一種讓人驚喜的感覺，我每次都會癡癡地望著這奇妙設計的天井，散發著魔幻的光芒。

　　我個人很喜歡 Hostel of the Sun 這家青旅，它座落在「新堡」附近，有鋼琴、有酒吧、每天供應簡易早餐。我在那裡遇到很多很有趣的各國遊客，老闆又是拿坡里球迷，真是太合乎我的需求！青旅的工作人員英文都非常好，也很熱心。我常常在早餐後，洗個澡，然後散步到「平民表決廣場」，再慢慢走到蛋堡，然後繼續沿著海岸線一直漫步，最終來到「市民公園」（Villa Comunale di Napoli）休息一下。

　　公園裡的「La Cassa armonica」很精緻漂亮，La Cassa armonica 是戶外演奏台的意思，平時也可以是涼亭或是裝置藝術，在歐美國家都會特別去設計得獨特或是美輪美奐。公園內的 Cassa armonica 由 19 世紀義大利知名建築師 Enrico Alvino 操刀。Enrico Alvino 一生為拿坡里貢獻非常多知名的設計及建築，但對我們外國人而言，最有名氣的應是位在阿瑪菲的阿瑪菲主教座堂。阿瑪菲主教座堂的建築過程從開始到結束歷

經 913 年，最終由 Enrico Alvino 完成，應該說，目前我們看到的整座教堂的外牆幾乎都是 Enrico Alvino 所設計與建構的，主要是教堂曾經遇過戰爭以及天災的摧殘。不過我並沒有去過阿瑪菲【笑】……我只是想要解釋，這個建築師有多麼厲害、多麼重要。

A città 'e Pulecenella

文：Aima

　　四月底的南義，大概晚上八時半才完全天黑，所以在下午五時之後散步，是一件很舒爽的事情。這段路上也非常多 cafè，價格都差不多，一杯 Caffe Latte 大約 1.5 歐元，一杯現榨新鮮紅橙果汁大約兩歐元，因此區是熱門觀光大區，價格稍比其他地方些微貴了。可是真的很好喝！要不是因為萬年找廁所問題，我真的想一杯一杯不停的喝下去！回到台灣後，都會很想念拿坡里的咖啡拿鐵、義式濃縮、以及紅橙汁。Frances Mayes（《托斯卡尼艷陽下》作者）曾經在她的書《地球玩一年》提到，她在拿坡里遇到一個當地的咖啡師對她說：「在托斯卡尼，人們喝的是咖啡水。」（Frances Mayes 定居在托斯卡尼）。Frances Mayes 本人也對拿坡里的咖啡讚不絕口，她覺得拿坡里的咖啡是世界上最棒的咖啡了！照片是在羅馬機場的 KIMBO 咖啡。KIMBO 是拿坡里當地最自傲的咖啡品牌，KIMBO 咖啡豆煮出來的義式濃縮非常香醇，搭配上迷你版的拿坡里傳統點心 sfogliatella 就是最幸福。在台灣，一些義式餐廳也會引進 KIMBO 咖啡豆，個人極力推薦。

　　在走回青旅的路上，我放慢原本就很懶散的腳步，欣賞蛋堡與海灣的景色。在這兒會一定有機會遇到象徵拿坡里的小丑普欽奈拉（Polecenella），他是個戴著黑色詭異鷹勾鼻半罩面具、身著寬鬆白色長袖長褲的即興喜劇小丑。他最愛吃披薩，所以手上常常拿著烤披薩的鏟子。由於他源自於義大利南部，其個性正如拿波里人般的活潑、激動又率直，所以成了拿波里的重要象徵之一。拿著披薩鏟子的普欽奈拉也是拿波里披薩協會 AVPN 認證的標誌。台灣只有少數幾家義大利餐廳有

此認證，基本上經過認證的餐廳，就是好吃（有點貴）的保證。某天中午我有遇到他，由於我並不會義大利語，所以沒有勇氣找他一起拍照（我覺得應該是需要付費拍照的，【笑】……）。

蛋堡附近有一座很有名的巨人噴泉 Fontana del Gigante，17 世紀由 Michelangelo Naccherino（不是那個超級無敵有名的米開朗基羅啊！）以及 Pietro Bernini（就是那個超級有名的貝尼尼的也是很有名的爸爸……【笑】）為拿坡里皇宮設計。它原先位於一個巨大的古代雕像附近，因而得名。後來被移到 Immacolatella 宮，又於 1905 年被移到目前風景如畫的地點，在 Partenope 街上。街上偶爾會遇到吉普賽婦人以及販售自拍器的外族移民，因為我大部分時候都是自己一個人，所以我會盡量避開與他們眼神上的接觸，雖然我覺得這樣似乎不是有禮貌的行為。

這條路上，我曾有過一個特殊又美好的際遇。2016 年十一月一個晴朗的中午，我走著走著，一會兒經過了大約六位正聊天聊得很開心而圍成一圈的警察們（義大利的警察是不是都太混了？【笑笑笑】），其中一位較為年長的警官看見我脖子上圍著拿坡里球隊圍巾，他臉上帶著慈祥的笑容，對我輕輕招手，希望我靠近他。當我走近這群警察們時，他們停止了聊天，好奇的看著我這位圍著拿坡里球隊圍巾（重點完全在那條圍巾上）的亞洲人（2016 年時，東亞人還比較不常出現在拿坡里，現在倒是非常多了）。而這位和藹年長的老警官，不疾不徐的依著他對家鄉球隊的感情，輕柔地替我整理好圍在我脖子上的圍巾，把圍巾上 1926 年的標題整理得明顯又整齊，然後微笑的看著我，說 grande（相當於英

文的 great）！我無法忘記他美麗的笑容，像個慈父對他的女兒一樣！頓時內心一股暖流湧上，感動得無法言喻！我用英文興奮的對他說，我今晚要去聖保羅球場看球賽！（聖保羅球場為拿坡里職業足球隊之主場）但我想他跟其他警察們並沒有聽懂！可是所有的警察們一聽到我提到 Stadio San Paolo（聖保羅球場），我完完全全可以感受到他們非常的開心！所以我就大聲的說：「Forza～」這些可愛的警察們非常樂意的配合我，馬上接著喊：「Napoli！」然後我又更大膽的說：「Juve～」他們更大聲的喊：「MERDA！」彷彿遇到知音一樣，我們一起笑得好開心！之後我們就彼此互相揮揮手，說聲：「ciao-ciao！」（再見），結束這場可愛的他鄉遇故知。

平民表決廣場
Piazza del Plebiscito：
信仰與迷信

文：Aima

我想這個廣場可能是聚集最多來自世界各地遊客的地方了！

圍繞著廣場的，有拿坡里著名地標之一的保羅聖芳濟教堂（Basilica di San Francesco di Paola）、被讚譽為全球必去的前十美麗的咖啡廳 Gran Caffè Gambrinus、歐洲現存最古老的（目前還在使用中）、也是當 1737 年開幕時，全世界最大的聖卡洛歌劇院（Teatro di San Carlo）、以及典雅迷人的拿坡里皇宮（Palazzo Reale di Napoli）。

保羅聖芳濟教堂的迴廊設計，與梵蒂岡的聖彼得教堂非常相似，都像是聖主張開雙臂擁抱萬物的概念；而教堂主體的設計，則是模仿羅馬的萬神殿，挑高的穹頂引進自然的太陽光線；裡面的遊客並不多，只有稀稀落落的當地人在敬拜。教堂外的階梯或是迴廊，常有當地年輕人聚集，環境看似有些的雜亂、有煙蒂、有被風吹來吹去的垃圾。雖說拿坡里也是觀光勝地，但一個單獨旅遊的東亞人相對於羅馬、米蘭、佛羅倫斯、威尼斯，還是比較少，所以當我走靠近階梯時，這些年輕人仍然會直勾勾的看著你，看了一會兒便又自顧的跟朋友們聊天；有的年輕人比較熱情，看到圍著拿坡里圍巾的我，很大～～～聲的對我喊：「Forza Napoli！」其實我會嚇一跳【笑笑笑】，但故作鎮定回答：「Sempre！」

迴廊上也有一些店家跟咖啡廳，有一間看似很高檔的手工藝品店，我徘徊了許久，最後鼓起窮困人的最後一滴勇氣踏入。店內展示的全部都是具象徵性的拿坡里手工藝品，譬如很有現代藝術感的維蘇威火山彩色玻璃鑲嵌畫、多樣豐富的手工布製幸運號角、精巧的普欽奈拉小雕刻……總之這家店名是 La Lumière Napoli，裡面有太多藝術品，我不是

工藝品鑑賞家，真的看不出是什麼東西【笑笑笑】。我挑選了一個看似唯一我經濟能力可以負擔的小東西，也就一個是幸運號角的 Lucky Charm，嗯～20 歐元！說起這幸運號角，不免令人覺得拿坡里人普遍都很迷信吧！

我所知道的拿坡里迷信，就有四種。第一個是最有名的「聖雅納略之血」，聖人的血液至今仍存放在拿坡里主教座堂（Duomo di Napoli）的一個玻璃瓶中。第二個就是這個除了拿坡里人以外的人都覺得明明就是辣椒的幸運號角（而且非常堅持的抗議這個不是辣椒！）。這個長得像辣椒的號角，基本上是一個驅凶避邪的幸運物品，在拿坡里街頭到處都能看見，前提是，必須是經由他人送給你，這樣才有幸運的效果，若是自己買給自己，就單純只是一個裝飾品了。但我也曾經在影片上看過有拿坡里人拿著這個「辣椒形狀物」詛咒他人【抖】……所以這幸運號角亦正亦邪啊……可是明明拿坡里也是一個很虔誠的天主教信仰區域呢！第三個就是對於想得到的東西不能說出口，不然就會得不到。這個信念我在幾位熱衷的球迷身上都有看見，我絕對不能在他們面前提到 Scudetto 這個單字。Scudetto 是義甲冠軍的意思，這是拿坡里球迷們最渴望得到的榮譽，但……我們只能用眼神交流說這件事情，不可以開口說……（基本上我本人是完全不相信啦！哈哈哈哈～）。第四個是對樂透數字的迷信，拿坡里人也愛玩樂透，總共由 1 到 90 號，每一個數字都有其代表的意思或物品，跟台灣有點像，譬如作夢夢到甚麼，就是代表某一個數字，而且這套數字還可以拿來罵人【笑】，例如讓拿坡里人恨得牙癢癢的阿根廷球星伊瓜因，就常常被罵 71【笑笑笑】，另外根據

可信的說法，拿坡里這套樂透遊戲，竟然就是美國遊戲賓果的發源。還有一個很重要的教條，拿坡里是披薩發源地，所以若在披薩上面亂加東西，他們真的真的真的會超級無敵非常抓狂。我上次只不過在披薩上面鋪了幾片節瓜，就惹到我的好友 Michele，透過視訊，我完全感受到一個風度翩翩的貴公子，正在對我把節瓜放在披薩上這件事情氣到想把我一拳揍昏。

　　回到我買手工幸運號角的店，我挑選了一個想送給一位重要的拿坡里朋友，店長在包裝的時候，我忍不住開口問：「嘿，聽說我只能買這幸運號角送給他人，但我不能自己買給自己，對嗎？」「不，你不能買給自己。」店主回答。我說「OK！」帶著苦澀的微笑。等待他包裝完畢，我正準備離去的時候，那一刻，他突然從櫃台抽屜裡拿出一個紅色的小幸運號角遞給了我，帶著溫暖的微笑，並說：「女士，現在您有了自己的拿坡里幸運號角了！」

被分裂的城市

文：Aima

在這個廣場還有著令人充滿回憶的遊戲，幾乎每個拿坡里人的童年都曾經玩過的小遊戲。從拿坡里皇宮的前方背對著皇宮，面對保羅聖芳濟聖殿的正大門，在皇宮與教堂之間，在平民表決廣場的左右側，各有一尊的偉人騎馬的紀念雕像，左側是費迪南德一世國王，是西西里王國的第一任國王，是拿坡里考古博物館的建立者。右側是西班牙波旁王朝的卡洛斯三世，卡洛斯國王曾經統治過拿坡里王朝，是一位深受拿坡里人民擁戴的國王。遊戲規則很簡單，玩遊戲的人必須閉著眼睛，從拿坡里皇宮往教堂正門口的方向走過去，若能順利通過兩尊雕像之間，就獲勝了！我初次聽到這個遊戲時，想說也太簡單了！一定每個人都會成功的呀！因為兩尊雕像中間的距離非常遠（根據我一個會說中文的拿坡里友人 Raffaele 用 Google Map 測量，至少有 32 公尺寬），再怎麼走偏，都應該能從兩尊雕像之間穿過，不可能失敗。不過我向幾位拿坡里友人打聽，確實有人失敗、有人成功，連當時引導我玩這個遊戲的聰明人 Francesco 都失敗！當我成功克服這個遊戲時，Francesco 一臉完全不可置信、不服氣的問我：「妳是不是有張開眼睛偷看？」不過玩這個遊戲時，確實有一點難度，因為地板全是古代的小方格子石板路，凹凹凸凸的路面，閉著眼睛走路挺容易跌倒的。如果想試試看，一定要找一個同伴扶著自己走。

對於這種凹凹凸凸的古代石頭地板，我從一位台灣的拿坡里人妻口中聽到她是如此形容的：「我每次跟我先生回拿坡里時，在路上開車都很崩潰！尤其剛好又想上廁所的時候！」【笑笑笑】另外，如果還想體驗一下如何當一個道地的拿坡里人，切記！行人過馬路時，紅綠燈僅供

參考【笑】！會有一堆用車的人，展現何謂義式經典叫罵，但全部的車還是都會禮讓給這些違規的行人們！對於一個在台灣走斑馬線，綠燈時還是得「禮讓」車子的我（不想被撞），拿坡里的馬路真是讓我嘆為觀止呀！

Spaccanapoli（分裂的拿坡里）

　　旅遊拿坡里最有意思的，莫過於穿梭在小巷弄之間，尤其千萬不要錯過這條「斯帕卡拿坡里」，是一條筆直穿過拿坡里古老歷史區的狹窄主要街道。從沃梅羅山丘（Vomero's hill）俯視下去，像是一條大裂縫一樣，非常壯觀（附帶一提：Spaccanapoli 照片、遠處中心地帶有一群非常突兀、與其他古老建築形成強烈對比的高樓群，是日本建築大師丹下健三於 1982 年設計的，非常具有歷史意義，是在整個南歐以及義大利內部建造的第一批摩天大樓群，其中的義大利電信塔也是目前南義最高的建築）。沃梅羅位在拿坡里中心、一片高度城市化的山丘，居住者較為富裕，環境跟以「斯帕卡拿坡里」為主所交織而成的古城網狀區域有著很大的不同，很多別墅座落在此，乾淨又漂亮！山丘上有聖埃莫堡（Castel Sant'Elmo）、聖瑪蒂諾修道院博物館（Certosa di San Martino）、弗洛里迪亞納別墅（Villa Floridiana）。聖埃莫堡從山腳下望上去是一座非常雄偉的要塞、從高空俯瞰則呈現了六星形狀，為熱門的觀光景點。弗洛里迪亞納別墅則是一座大型公園，別墅裡設有拿坡里國家陶瓷博物館，收藏著 12 至 19 世紀的 6,000 多件東方和西方藝術品。天氣好的時候，還能從別墅二樓陽台看見遠處海中的卡布里島（還記得小學音樂老

師必教的歌曲《卡布里島》嗎？拿坡里民謠總是永遠有一股濃濃的思念之情），整棟建築以清爽的白色為主。這裡觀光客都很少，是一個很安靜、很令人心情放鬆的博物館。

若想從高處俯視斯帕卡拿坡里，體力好又時間多的人，可以慢慢散步、走樓梯抵達。還有一個優雅的方法，那就是一起來去搭乘 Funicolare 吧！「funiculì, funiculà, funiculì, funiculà, 'ncoppa, jammo jà, funiculì, funiculà！」這令人愉悅的旋律在腦中重複無法停止！這是一首非常有名的拿坡里民謠，曲名為《Funiculì，Funiculà》，是在 1880 年為了紀念維蘇威火山上的第一條登山纜車開通而寫的暢銷歌曲，Funicolare 就是登山纜車的意思。雖然維蘇威火山纜車在 1951 年拆除，但目前在拿坡里市區還是有幾條 Funicolare 以方便居住在山丘上的居民。鮮黃色傾斜的方體車廂很特別，曾被知名動畫《JoJo 的奇妙冒險──第五部：黃金之風》忠實地還原在第一、二集之中。

美麗的橄欖之鄉
——哈恩（Jaén）西班牙（上）

文：列當度

　　筆者第一次到西班牙旅遊，目的地並不是熱門城市馬德里或巴塞隆納，而是到西班牙的中南部城市哈恩（Jaén）。事源是這樣，2007 年時，當時筆者還在香港從事食品代理的工作。五月的時候，西班牙食品推廣協會為了推廣他們的橄欖油，於是為香港的代理商舉辦了一個參觀西班牙橄欖油莊園的考察團。筆者也有幸獲邀參加，才有機會認識到這個美麗而歷史悠久的西班牙內陸城市。

　　哈恩（Jaén）是位於西班牙中南部的城市，是隸屬安達魯西亞自治區哈恩省的省會。哈恩的人口超過 11 萬，約占全省人口的六分之一，是省內重要的工業都市。哈恩有「橄欖油之都」的美名。哈恩市區位於山地之上，是全省的行政和工業中心，工業發達。市內有眾多古蹟。筆者這次寓工作於娛樂，主要留在哈恩的一個小鎮——烏韋達（Úbeda）。烏韋達總面積約 404 平方公里，總人口約有 35,000 人，鎮內有十分著名的世界文化遺產。

　　要從香港到烏韋達，過程並不輕鬆。首先由香港坐 14 小時飛機往西班牙首都馬德里，然後再由馬德里坐差不多四小時的大巴才能抵達。由於是坐長途車，中途我們在一個十分美麗而碩大的公園休息。這公園氣派十足，聽導遊介紹才知道是西班牙國王阿蘭胡埃斯皇宮外之花園，在 18 世紀中期已落成。

　　甫抵達烏韋達後，給筆者的第一個印象是彷彿回到中世紀的歐洲，不得不佩服西班牙保育工夫做得十分好。市內建築是以文藝復興風格為主，處處可見教堂及貴族的宅邸。鎮內的生活節奏緩慢，小孩們對外來

的亞洲人面孔十分好奇，由此可見這裡並不是旅遊熱點，至少對亞洲人來說。雖然說是一個歐洲內陸小鎮，但鎮內的街道也乾淨整潔，可見當地人擁有優良的素質教養。

老實說，鎮內著名的旅遊景點不多，基本上花兩天就可走完。景點主要集中在世界文化遺產的 Vázquez de Molina Square。廣場包含四個建築物：Deán Ortega Palace（Palacio del Deán Ortega）、Basílica de Santa María de los Reales Alcázares 和 Holy Chapel of the Savior。Deán Ortega Palace 是西班牙建築師 Andrés de Vandelvira 在 16 世紀興建，目前是一間飯店，名字是 Parador，是西班牙其中一間最古老的飯店。Holy Chapel of the Savior 是一所教堂，由西班牙著名建築師 Diego de Siloé 設計，而其外牆的石雕十分精美，再加上內部的設計讓人嘆為觀止，是鎮內最值得參觀的景點。

美麗的橄欖之鄉
——哈恩（Jaén）西班牙（下）

文：列當度

筆者今次下塌的酒店是 Ubeda 市內的 Hotel RL Ciudad de Úbeda，這間四星級酒店雖然不算豪華，但也十分整潔。因為是西班牙食品推廣協會所招待，所以確實房價筆者並不清楚。

西班牙位處地中海地區，橄欖的種植歷史十分悠久，可一直追溯到公元前 4000 年。冬暖夏熱、日照充足的氣候，非常適宜橄欖的生長，因此，全世界 95% 橄欖都產自這裡。西班牙食品推廣協會安排參觀位於 Ubeda 的橄欖油博物館，從中了解到西班牙是全球橄欖油產量最高的國家，年產達到 131 萬噸，是西班牙重要的經濟產業。西班牙橄欖油的質量名列全球第一，全世界共有八億棵可榨油的橄欖樹，2.5 億棵就在西班牙。

西班牙橄欖油製造商十分注重品質，橄欖油博物館內有一間「試油室」，類似葡萄酒的試酒一樣，品質控制人員直接把油放到口裡以評估它們的素質。西班牙食品推廣協會也安排一頓充滿西班牙特色的晚宴，其中印象比較深刻是西班牙烤乳豬，做法類似廣東的燒乳豬，用上了出生三周大的乳豬以木炭烤熟，因為用上了初榨橄欖油，烤乳豬充滿橄欖油香，十分美味。而結尾的甜品是橄欖油冰淇淋，用了上等初榨橄欖油和牛奶，味道出奇地配合，可說是一道頗具特色的甜品。

整個行程的重頭戲是西班牙食品推廣協會安排的橄欖樹園參觀。到達莊園後，只見成片成片的「橄欖海」環繞四周，起伏的山陵完全被橄欖樹所覆蓋，一株一株的橄欖樹井然有序地座落其中，從遠方看起來像是小毛線球般的點綴著大地。以前西班牙人喜愛把三株樹種在同一個位

置，採用一種三叉的方式，讓橄欖樹聚集在一起，不過這樣的種植方式並不利於採收，收成的車子必須刻意的繞到四面八方，導致收成時間的延長，為了解決這件事，現代人開始把三棵樹其中的一棵給砍了，留下兩棵以方便採收，而產量也沒有因此減少。新種植的橄欖樹也大多採取只種一株的作法，由此可見時代的演變。莊園主人十分好客，親自開他自己的古董賓士 G 系四驅車載我們遊覽，四驅車上落斜坡如履平地，十分刺激。

接著是參觀橄欖油搾油廠，儲油的油庫十分巨大，每個的高度超過十米，用不鏽鋼造成。室內充滿香噴噴的橄欖味、青草味、水梨味、蕃茄味。原來橄欖油包含這麼多不同的香味。最後竟有意外驚喜，莊園主人邀請我們一行人參觀他的古堡大宅。古堡面積十分大，入宅之後彷彿回到了歐洲中世紀的時代。古堡保養得很好，主人說保養費用昂貴。主人更帶我們參觀他的私人珍藏如：古代武士盔甲，更有一副日本武士的盔甲。最神奇的是雖然戶外陽光普照，十分炎熱，但位於地下室的餐廳竟十分涼快。難怪他們不用安裝冷氣。古堡外的景觀也十分好，外面是一望無際的橄欖樹。在旅程末段竟可參觀到古堡，實是一大亮點。

這次可說是非一般的旅行，雖然是有工作在身，但也能參觀到一些普通遊客無法參觀的景點，可謂不枉此行。

瑞士有免費勞力士？

文：許思庭

很多人在計劃到瑞士旅行之前，都會問：應不應該要在當地買名錶呢？

因實在太多人問這個問題，則想在此分享一下。時移世易，中國遊客購買力實在驚人，盧森 Luzern 市區是最核心的遊客區，瑞士著名的手錶品牌在這裡都有專門店。除了名錶外，瑞士製軍刀、朱古力等各式各樣瑞士製造的紀念品皆可在這裡購買到。

大家不用擔心語言溝通的問題，每一間名錶的專門店都有大量會講國語的華人店員，而且大街小巷不難看到簡體字，所以在這裡中國旅客的比例是極高。

言歸正傳，各大品牌名錶專門店是不會設有任何折扣，如果你發現到有鐘錶提供大約是九折或者是以九折發售的話，這些基本上是名錶的專賣店而已，然而名錶價值不菲，更加要留意是否在金屬表面上刻有 Swiss Made，所以我還是比較建議到各大品牌的名錶專門店購買。還有因為是瑞士當地製造，更加可以訂製獨一無二的版本。

那你可能會問：為什麼還有人說要到瑞士購買名錶呢？關鍵在於旅客可以退稅，這樣變相就是一個折扣，所謂退稅的方法及百分比隨時可以變動，所以大家購買前敬請留意。

各大鐘錶鋪都很歡迎大家進去參觀，欣賞一下舉世知名的手錶工藝也是相當難得的體驗。說實在勞力士手錶我真是沒有能力購買，不過我也擁有一件勞力士的產品，就是一隻來自瑞士勞力士生產的湯匙，這個

紀念品手工精美，而且重點是免費。如果你有心的話，不難發現瑞士有很多免費的紀念品。

要怎麼樣換領？當然不是就這樣走到勞力士的專門店就可以。你首先要到琉森的 Interlaken 旅客服務中心找到「兌換券」，留意要找到這張兌換券不是這麼明顯，或者你向旅客中心的職員查詢，他們可能也不知道是什麼，其實這張兌換券是藏在「城市地圖」City Map 的包裝中，有了這地圖，你才可以去琉森的勞力士專門店憑券換領，而且每人只限換一隻。

雖然一身自由行背包客一樣的打扮，走進勞力士專門店向店員出示這張兌換券，他們也不會把我看待成為一個只是來換領贈品的小鬼，已且非常有禮貌及客氣的款待，等了一會兒拿出一盒很精緻的包裝，裡面就是這隻手工相當精巧的銀色勞力士小湯匙。

這是非常特別的名店體驗，說到底琉森不是一個只提供血拼購物的地方。當你乘搭火車來到琉森，進入眼簾是一排富有藝術感的建築物，座落琉森湖畔的琉森博物館，還會看到有白天鵝在湖畔一雙一對的在嬉戲。走到不遠處，你會發現有一座距離湖面很近很舊的木橋，很多人都不知道其實這條橋是琉森很著名的景點「卡貝爾橋」Kapellbrucke，歐洲最古老有上蓋的木橋樑。當你抬頭往上望看到橫樑上彩繪木板畫，就是一段段 17 世紀瑞士歷史，非常值得欣賞。

可以乘船遊覽這個琉森湖一次過可以飽覽藍天白雲，遠處的山景，近來的城市，如詩如畫的歐洲小城就在你的眼前。

瑞士阿爾卑斯山
尋找小海迪驚險之旅

文：許思庭

「迷途迷途孤燕，未得歸家這小孤燕，夜晚嚇怕小燕，小燕徨恐的小燕。」宮崎駿經典動畫，改編自外國名著《凱迪》的「飄零燕」，這一首主題曲相信很多現在是成熟的成年人一代都曾經耳熟能詳。

故事講述主角小凱迪小時候父母雙亡，阿姨因工作關係未能繼續看顧小凱迪，只能把她交由爺爺照顧，因此被阿姨帶到瑞士阿爾卑斯山山區爺爺的家中。因為他長期獨自生活，性格孤僻更有點暴燥，遇上天真無邪樂於助人、心地善良的小凱迪而受感染，性格漸漸變得平易近人。

當你來到 Maienfeld 步出車站後，必定被眼前壯闊的風景所感動，阿爾卑斯山環抱青翠的草地，蔚藍色的天空，一間一間木製的小屋，零零碎碎的小村落，簡簡單單渾然天成交織出這片凱迪的世界。拿起相機隨便拍照，這裡的風景就像很多時候電腦可以下載的 wallpaper 一樣。

我所說的「凱迪的世界」是沒有誇張的，可能世界上實在有太多人想來這個凱迪的故鄉，為了方便大家去尋找，當你報出車站已經可以看到路上的路牌指示著「Heidiweg」，即「凱迪之路」。

基本上，「凱迪之路」是分開紅色及藍色，紅色是小凱迪之路，藍色是大凱迪之路。假如你只有一天的時間，那麼你只可以兩者選其一。假如你想參觀通往海，到達爺爺那上山的小屋，就要選擇藍色，不過要有心理準備，來回路程至少要四小時或以上。

但旅客較多選擇紅色路線，它大約是兩小時的路程，且山路比較容易行，傾斜度低。真正開始行程之前，要先到當地旅遊服務中心索取有

關資料及地圖方可開始起行，建議要準備好指南針，因當你走進一大片森林的時候，在一望無際的葡萄園這個時候，是非常實用。

在市鎮範圍，大家可以放心的是沿途路上的標示非常清楚，當正式走入山區之前，可以先買一些乾糧以作沿途補充體力。這裡的小鎮有一個特色，你會看到很多噴泉，其實這些是礦泉水，而且是免費的，可以讓你節省不少金錢，在這些地方你會發現牛奶比水更便宜，那麼你會感到奇怪，水為何是這麼貴……

沿著山道去走大約 30 至 45 分鐘的行程，一路上坡道時會感到有一點疲累，不過當你看到沿路優美的風景，好像不停向阿爾卑斯山前進，能夠在這種如詩似畫的世界，做一個農夫或者是做一個牧羊人，可能是一生人最大的福氣。

當走到山路的分岔口，也曾經出現過好像迷路一樣的感覺，唯有依靠指南針的方向，希望可以走到下一個目的地，當時候會有一點驚慌，自己真的變成了迷途孤燕？不過相信自己可以歸家。

糊裡糊塗再走多 30 分鐘終於到達地圖上所指出的一個小賣店，購物已經不是重點，因為可以補給物資及稍作休息，蓋上了 Heidi's House The Original 的印章之後，拍多一點照片就往下坡回程了。

回程的路上，彷彿聽到彼得的牧童笛子聲及凱廸的笑聲。

糊裡糊塗
走進迷你小國列支敦斯登

文：許思庭

　　列支敦斯登 Liechtenstein，如果你是一個足球迷的話，你應該有聽過這隊位於歐洲國家的足球隊，他們讓我有很深刻的印象，不過並不是因為他們的成績優異，相反這支球隊粗略估計有九成以上的賽事都是慘敗或者和局，能夠勝出的記錄有如鐵樹開花。

　　這個歐洲小國雖然細小，但不是缺乏資源，更加不是貧窮小國，相反人均收入 GDP 更加是世界名列前茅。正所謂醉翁之意不在酒，志在參與不在乎成績，真真正正做到友誼第一比賽第二。正因為國民收入豐厚，生活可以過得優哉悠哉，所以對於球場上勝敗得失顯得相當豁達。

　　列支敦斯登這個國家其實是位於德國與瑞士之間一個占地極少的地方。整個國家總面積接近三分之二個台北的大小，所以在來回這兩國之間，不其然就會進入這個小小的內陸國家自己亦不知道。

　　這個國家人口大約只有三萬七千人，其實當你身處其中，很難發覺這裡是一個國家，你會以為這裡只是一條小村落，甚至乎午飯時間路上行人也不多，街道很安靜整潔，有點像電影拍攝的模擬城市場景一樣，更加沒有高樓大廈或者大型建築物作地標式景點。

　　大家可能會問為什麼這個國家這麼富有？因為列支敦斯登是全世界最大的郵票輸出國，所以不愁沒有生意，可以說是長做長有。國家有固定的收入，所以政府可以大幅降低稅率，人民過著與世無爭的生活。稅率方面的便利，更加成為了歐洲富人的避稅天堂，所以這裡的金融服

務業亦相當發達，而且這個國家的地理位置可以說是得天獨厚，位於海拔之上的地方，可以感受到被阿爾卑斯山環抱的壯麗風光。

為何會說是糊裡糊塗進入這個迷你小國呢？因為當你身處一個小鎮，感到很迷失的時候，在歐洲旅遊遇上這種情況，最佳的解決辦法就是馬上尋找「旅客服務中心」，這樣會比較快及準確。

如果你問來到列支敦斯登最值得參觀的地方是什麼呢？那麼當然是他們的「郵票博物館」，雖然郵票對於這個國家來說是一門生意，不過他們發行的商品，無論設計及工藝上都極具藝術及收藏價值，有興趣當作收藏品的朋友絕對不容錯過，不過可以先告訴你價錢絕不便宜。

或者想當作到此一遊紀念品的話，可以買一張小全張連郵票，再到遊客中心蓋上「入境紀念章」，價錢在可以接受的範圍，我覺得是相當不錯的選擇。

不得不提這個國家的首都也相當特別，並不是什麼廣場，更沒有什麼象徵式的地標建築物，就只是一條街道而已。

如果要走路去遊覽這個「國家」其實也相當耗費腳力，非常建議大家選擇觀光列車（看起來有點像兒童樂園的小火車），所以速度不會很快，就這樣繞一大個圈全程大概 30 分鐘左右吧。提醒大家！街道上的雕塑藝術品很多，敬請先準備好相機不要錯失啊！

能否很輕鬆勇闖瑞士少女峰？

文：許思庭

　　其實在「勇闖少女峰」之前，曾經有打算到瑞士另一個著名的山峰「雪朗峰」（Schilthorn）。無論你安排旅行的行程是如何周詳，資料是如何詳盡，怎樣也好，最大的障礙就是天氣。陳奕迅的一首歌詞之中也有這一句「天氣不似預期」，再加上山區天氣變幻莫測，前一天還是陽光燦爛，隔天可以刮起大風再加上陣陣的飄雨，所以建議大家如果想到歐洲的山區嘗試登山，可以考慮在周邊的小鎮住上數天，或者會令你有意外驚喜也說不定。

　　想當年年少氣盛當然認為自己一口氣可以攻下雪朗峰或者是少女峰的山頂，就是因為到達格林德瓦之後看見天氣不似預期，加上不希望自己辛辛苦苦登上山頂之後因為天氣差、能見度低、白濛濛一片就白花了氣力、時間及金錢，所以決定到附近的小鎮小住幾天，就這樣無意之中發現到一個有如童話世界的地方。

　　穆倫（Murren）是在雪朗峰山腳下的一個靠在懸崖邊的小鎮，基本上是前往雪朗峰的必經之地，雖然位置有一點與世隔絕的感覺，但是你想不到瑞士的鐵路真的是非常厲害，乘坐火車從格林德瓦出發大約一個小時左右，就已經可以到達。

　　這裡的空氣非常清新，是一個非常乾淨的小鎮，更加是一個沒有汽車的山城，就算是也只能夠使用電動車。

　　聽說這小鎮居住人數大約 450 人，卻有著不成比例的旅店數量。原來這裡是被瑞士三大舉世知名的山峰環抱著，假如你想一次過看艾格峰

（Eiger）、僧侶峰（Mönch）、雪朗峰（Schilthorn）及少女峰（Jungfrau），在穆倫就可以。

回到瑞士少女峰之旅，這個著名的山峰有著歐洲屋脊之美譽，要登上少女峰其實並沒有想像中的困難，當然不需要好像登山探險隊一樣，最令人頭痛其實就是如何安排少女峰登山火車路線及選擇一種最合適的火車票優惠。

當你在火車站買完車票後必定會看到很多滑雪客不斷在你的身邊出現，看到他們會感到很開心，因為就知道自己坐對了火車。火車開動了不久就已經馬上開始爬坡，看到小鎮慢慢地縮小，眼前一連串壯闊的山脈就像明信片一樣。火車開動大約半小時後，要轉乘另一部少女峰紅色景觀列車，正式前往少女峰峰頂，中途站旁邊有間餐廳酒店，距離少女峰非常近，看到雪景景觀更是絕佳，可惜的是，轉火車大約只需等十分鐘的時間，因此未能走近一些到這間酒店參觀。

終於坐上少女峰紅色景觀列車，這條鐵路啟用至今已有超過一百年的歷史，試想當時在這樣陡峭山路上開墾這條鐵路是何等艱辛險峻的工程，從中途站出發全程大約一小時左右，就能直接抵達海拔高達 3,454 米的少女峰峰頂火車站。

雖然這裡是冰天雪地寒冷刺骨，但是當你站在車站的窗前看到這樣壯闊的天然美景，一望無際是歐洲最長的冰河，據說闊 800 公尺，全長達 22 公里，相信到時候你會驚嘆，大自然是何等的奇妙。

　　少女峰的火車站其實本身就是一個非常著名的景點，也現時是歐洲海拔最高的車站，車站內有相當多的標示，例如告知你如何登上少女峰觀景台。如果天氣晴朗的話，可以遠眺到德國及法國的山脈。

　　不過有一點要提醒大家，由於少女峰位於高海拔的地方，空氣相對稀薄，緊記要留意自己身體的反應，話雖如此其實能夠乘坐火車輕輕鬆鬆能夠登上少女峰，實在是相當難得。

曾被選為
世上最適合人類居住的城市
——蘇黎世

文：許思庭

蘇黎世（Zurich）是瑞士國內最大的城市，經濟方面依靠著銀行業的發展，因此亦有一定程度的商業及時代感並存於這個歐洲城市。

從蘇黎世中央車站作為起點去體驗這個古典風味十足的城市，作為自由行的旅客，是一個十分好的選擇。

如果你在這個歐洲旅程時間不多的話，建議你可以花兩天的時間，走訪一些蘇黎世必去的景點，品嚐蘇黎世地圖的美食，以及到蘇黎世的老城區遊走一圈。

不用走馬看花的在湖畔邊寫意漫步，感受一下歐洲的生活態度，或許這就是旅行的另一種意義。

一般來說，蘇黎世很多景點都是相通的。為了可以省回腳力，建議大家可以購買「24 小時蘇黎世卡」，用以乘搭輕軌列車，穿梭於蘇黎世的市中心地段。

蘇黎世有三個景點是很多遊客必到的，第一：聖彼得教堂，第二：蘇黎世聖母大教堂，第三：蘇黎世大教堂，若你覺得時間不夠，三者只能擇一，我較建議去後者，因為被稱為蘇黎世三大教堂之首。走進教堂裡有種與世隔絕的感覺，坐下來好好讓自己靜下來沉澱一下、也是一番相當特別的體驗。

假如你走到老城區，不難發現到城區裡的中央位置有一座小山丘「林登霍夫山」，大家可能會想到底要不要走上山頂呢？如果已經乘坐

輕軌鐵路很久的你，積存了充足的腳力，那麼你不用多想太多勇往直前吧！山坡傾斜度其實只是很輕微，從山腳登頂，慢慢走，中途也可以休息一下，大約 30 分鐘的時間就可以走到頂峰，你會發現這 30 分鐘是值得的。

因為可以 360 度眺望整個蘇黎世的景色，將聖彼得大教堂到利馬特河盡收於眼底。山頂上的公園旁有個小小的噴水池，是屬於中古時期羅馬的建築物遺跡。

這樣一整天簡單的行程，下山之後應該已是日落黃昏，相信也會肚子餓了吧？如果你問蘇黎世有什麼美食？要先告訴大家不要抱太大的期望，始終也不及義大利和法國的美食。

不過說到底，都也有值得推介的美食。相信大家有聽過瑞士著名的美食「芝士火鍋」吧？對！要品嚐正宗的芝士火鍋，蘇黎世配得上地道正宗風味這個稱號。

軍火庫餐廳（Zeughauskeller）的芝士火鍋就連當地人的十分推薦，所以建議大家還是預先上網訂位比較好，而且價錢十分平易近人，單單只是麵包配上芝士已經讓你回味無窮。

瑞士沒有瑞士糖但有朱古力廠

文：許思庭

　　相信很多人都聽過「瑞士沒有瑞士糖，丹麥沒有丹麥藍罐曲奇。」這個笑話吧？因此，來到瑞士不需要再去尋找瑞士糖，反而大家耳熟能詳的瑞士朱古力品牌瑞士蓮（Lindt），就相當值得大家一同去到他們位於蘇黎世近郊區的總部參觀一下。

　　雖然說是參觀瑞士蓮的總部，但是事先聲明他們的工廠並不會對外開放參觀，可能你會覺得看不到朱古力的製作過程會很可惜，那當然又不算是……

　　要前往瑞士蓮的總部其實也不困難，從蘇黎世火車總站坐公車沿著大道一直走就可以到達。他們工廠外牆灰灰白白的外表很普通，但當你走到工廠旁邊便會聞到朱古力的香氣瀰漫著四周，整個人香香甜甜，彷彿就是瑞士蓮朱古力產品的一部分。

　　參觀重點是他們自家品牌瑞士蓮朱古力專賣店，在那裡不僅能找到瑞士獨有口味的朱古力產品，難得一見濃度達 99%的朱古力亦可找到。

　　除了吃的朱古力以外，飲用的朱古力粉也不要錯過。這裡的產品琳瑯滿目，是一個購買手信的好地方，雖然這個朱古力品牌，很多人都不會覺得陌生，但是一些罕有的瑞士蓮朱古力產品系列，朋友收到的時候就會讓你顯得與別不同，十分推介是鐵盒包裝，送禮非常有體面之餘，亦相當之具有藝術價值。

　　來到蘇黎世另一個不能夠錯過的朱古力品牌就是 Confiserie Sprüngli，或許你未曾聽過這個品牌，但它與瑞士蓮是同出一轍。話說某

一代的經營人退休後，他兩個兒子繼承他旗下兩個系列的朱古力品牌。哥哥選擇了瑞士蓮，而弟弟所以就繼承了 Confiserie Sprüngli。

來到蘇黎世，可以到 Confiserie Sprüngli 旗艦店走走，這當然不是一般所見的朱古力售賣專櫃或者專門店，而是座落於蘇黎世精品大街，班霍夫大道（Bahnhofstrasse）的 Sprüngli。這是間非常有現代歐洲品味的餐廳，可以於用餐區坐下來慢慢享受不同口味的朱古力及甜品，當然亦有朱古力產品可以購買。

在 Sprüngli 內遊走一圈你就會明白到瑞士人對朱古力的瘋狂程度絕對是超乎大家的想像。

雖然這條班霍夫大道全場大約是 1.4 公里，大道兩旁密密麻麻的名牌商店，珠寶首飾令人眼花繚亂，最特別可算是竟然出現這一間朱古力店。

當你坐在 Sprüngli 店外的用餐區，眺望著這條歐洲最長的精品街，一邊品嚐著百年老牌的朱古力，彷彿有一種新舊交融的感覺，隱約能聽到遠處傳來蘇黎世中央車站的旅客熙來攘往的聲音，這個車站共有 54 個月台，拿起自己背包內的瑞士旅行通行證 Swiss Pass，要到哪一個月台？要到哪裡去？好像忽然間有一種對瑞士依不捨的感覺，或許是朱古力的香甜讓人產生錯覺，但這是一種幸福的錯覺，對嗎？

米蘭最後的晚餐

文：許思庭

　　很多人一聽到要到義大利米蘭旅遊，第一個反應必是聯想到購買與義大利名牌有關的物品。毫無疑問義大利製造的皮具是舉世知名，在米蘭當地購買確實是比較便宜，然而市面上有些義大利品牌的太陽眼鏡已經不是義大利製造，但我在米蘭的旗艦店中竟然發現大部分都是義大利製造，而且還有很大的折扣。

　　來到米蘭，如果只是顧著購物實在太可惜了。話說回來米蘭當地的「打卡」景點第一位絕對是「米蘭大教堂」，當然希望大家不是走馬看花，在這一座全球最著名十大教堂之一的外面拍照就完成任務一樣。

　　很多朋友都有這樣的心態，不過當他們來到看見這麼宏偉的米蘭大教堂，不知不覺就會產生一種莫名的崇拜，有一鼓衝動想到裡面參觀。

　　這座建築耗時接近 500 年哥德式建築的大教堂，據說入面共有超過 3,400 座雕像。

　　購票排隊入場的人經常都很多，十分建議大家購票乘電梯登上教堂之巔，教堂屋頂的那一層，有一個黃金聖母瑪利亞像，隨著千變萬化的陽光照耀下，閃爍出聖潔的光輝，讓我畢生難忘。

　　根據我的經驗，排隊進入米蘭大教堂平均都要花一小時，我聽說過有的更花了接近兩小時才能進入大教堂，但是相比起鄰近的恩寵聖母教堂，區區一兩個小時簡直是小巫見大巫。而這座外表平凡得很的教堂，為什麼如此吸引的魔力？

　　原因是裡面有一幅舉世聞名的壁畫，就是達文西 500 多年前在這個小小的教堂內繪畫了聖經裡面一篇重要的章節，就是《最後的晚餐》。

　　首先，這裡是不接受現場購票入內參觀，必須要從網上訂票，而且基本上三個月內的門票早已被搶購一空。一個人最多只能夠預訂五張門票。每天限定參觀人數及時間，每一場只放行 15 人入內參觀，觀賞時間只有 15 分鐘，拍照時間亦有規定，不准隨便拍攝，只有參觀的時段最後五分鐘才可以拍照。可能是因為不能夠搬動，吸引了很多人來看這幅名畫的真跡，很建議租用中文的語音導覽設備，好讓你更加了解這幅名畫背後的含義。

　　將隨身物品交給警衛，經過安檢之後，門一打開就可以看到《最後的晚餐》，這幅壁畫是繪畫在一道門以上的高度，所以你要抬起頭才可以清楚地看到，不其然會覺得有一種敬仰神聖的感覺。

　　當我看到這幅畫的真跡，整體來說色彩偏淡，感覺有一種日久失修的朦朧感覺。原因是因為達文西沒有採用當時候流行的濕壁畫顏料去繪畫，反而改用一種稱之為蛋彩畫的畫法，即是在顏料裡面混入了雞蛋白與牛奶，這種畫法可以讓達文西可以不會因牆壁石灰問題已被迫趕著完成這幅畫，但是缺點就是用色不能夠太厚，據說的話完成後不到 50 年已經因為濕氣等等的問題開始出現剝落的現象，現在我們看到的版本為後世人不斷不斷地作出修補，嚴格來說這幅畫只可以說是最接近達文西原著的《最後的晚餐》。

　　親眼看著這幅名畫，可見達文西的構圖精準地捕捉了十二門徒當時的情緒及心理瞬間。

　　同樣是達文西的經典作品，收藏於羅浮宮的《蒙羅麗莎》，也可以任意拍攝，也不用預先預約才可以參觀，越是困難，好像更顯它的珍貴及藝術地位一樣。

水都威尼斯的浪漫背後

文：許思廷

很多人都說如果到義大利旅行，沒有到水都威尼斯的話，將會是一個遺憾，想當年就是因為這一句說話，就從羅馬乘坐火車來到威尼斯，給自己四天假期好好享受一下。

睡眼惺忪的跟著其他旅客一同下車──在陽光普照的夏天，當你走出火車站睜開眼睛就知道自己沒有到錯火車站。因為眼前已經是一大片水上房子，在你面前，還有一個又一個小小的碼頭。

對了，千萬不要冬天的時候到威尼斯。第一，還未到下午五時，就已經日落西山，剎那的夕陽很快就過去，而未到六時前已經是天黑黑。第二，因為威尼斯是由很多個小島所組成，到冬天的時候很常見會出現「輕微」水淹的情況。且義大利人的飲食習慣，早餐除了熱咖啡外，水煮蛋、火腿、起司及麵包等等全部都是冷冰冰的。

其實威尼斯是一個鹹水湖，是由一百多個小島嶼及鄰近的一個半島組成。現在有 Google Map 是相當方便，可以馬上知道自己的定位，在低科技年代走在這些橋梁連貫著的島嶼，超過四百座橋把它們串連在一起，橫街小巷到處也好像差不多，晚上的時候，是很容易會迷路。

大家如果曾經到過澳門的威尼斯人渡假村，來到威尼斯的總督宮，你就會發現好像似曾相識，澳門的模仿程度也滿相似。這一座哥德式建築，之前是市政府機關，現在已經改建成一座博物館。來到這個地段，目的地當然是威尼斯最著名的景點──聖馬可廣場，而在這個廣場最宏偉的建築物，當然就是「聖馬可教堂」。

　　這個廣場的面積十分大，估計面積是澳門版本的八倍以上，除了參觀聖馬可教堂以外，廣場的四邊由國際知名品牌至義大利傳統工藝品店，涵蓋不同層面的消費品，而且餐廳及咖啡店數量亦十分之多，因為威尼斯主要的經濟收入來源是旅遊業，而且物資要運送到當地比較困難，有些甚至是要經水路運輸，物價成本相對比其他城市略為高。假如你希望可以坐在聖馬可廣場旁邊最平民化的咖啡廳一邊品嘗咖啡，一邊感受威尼斯的浪漫情懷，價錢也相當驚人。

　　另一個被譽為到威尼斯旅遊必定要一試的「貢多拉」，這是一種木製的長型小船，船夫站在船身的末端一邊撐船，一邊唱著義大利傳統歌曲，好讓你可以穿梭威尼斯大大小小的水道，本來是很期待，不過可能因為貢多拉船上的椅子使用真皮製作，日子久了變得髒髒舊舊，雖然自己沒有潔癖，但坐上去的時候感覺會有點不自在。

　　這個貢多拉遊船河旅程，必會經過一座橋，我看起來沒什麼特別，更加運漂亮也談不上。這條橋叫「嘆息橋」，是將總督府和威尼斯的其中一座監獄連接起來的石橋。古時候，這條橋是用來將死囚由法院押送至監獄的必經之路。

　　相傳因為這條橋是密封式設計的，僅僅留下一些空間作通風之用，從橋內只能夠隱隱約約看到外面的景色，當死囚走過這條橋的時候，人生的旅程最後一次可以看看橋外的風景，或許是在懷緬自由的世界，或許是為到自己所做過的事而感到後悔，所以忍不住嘆氣。

　　正所謂生死有命，穿過這條「嘆息橋」感到生命的無奈，或者真的應該要及時行樂。這個貢多拉的旅程完結了，再回到聖馬可廣場，買了一杯很大的冰淇淋，忽然之間好像不再介懷這個價錢是否在坑遊客，有一種活著多好的感覺。

在佛羅倫斯遇上 Gucci

文：許思庭

佛羅倫斯這個地方的名字，用義大利來說意思是「冷翡翠」，亦都是由歐洲古羅馬帝國時期開始文化復興的發源地，由哲學家探索宇宙的奧祕，直至到今天數碼化，資訊科技爆炸的年代。

義大利的佛羅倫斯仍然保存著文藝復興時期的建築及藝術，遊走在這個城市裡，彷彿好像回到半個世紀以前，遍布在這個城市的街道上，有歷史遺留下來的雕塑，讓你好像置身於一座能夠看見天空的博物館之中。

清晨時分來到佛羅倫斯，漫無目的在大街上行走，忽然聽到遠處傳來教堂那沉厚而莊嚴的鐘聲，跟著聲音來到佛羅倫斯最著名的主教堂「聖母百花大教堂」，遠遠看見哥德式的建築設計，一字排開由遠至近讓你感受到這種宏偉和壯麗。外牆的設計並不單調，紅色，綠色，灰色拼湊出來的花紋及線條能讓你感到一種和諧自然的感覺。

再走下去就來到佛羅倫斯的「領主廣場」，這個地方由早到晚，都有很多遊客在這裡拍照，全因為這個廣場上的雕塑，被廣場四周的建築物環境及氣氛，襯托出一種無與倫比的藝術感。

義大利皮具舉世聞名的其中兩個品牌 Gucci 及 Salvatore Ferragamo，更加在佛羅倫斯設有博物館，可想而知這兩家歷史悠久的皮具品牌，經過百年以上時代洗禮後，在商業產品層面的同時，不知不覺間，已經成為了見證著時代變遷的時裝界藝術品。

　　如果從藝術角度來看，而你的時間只能夠兩者選其一的話，我比較推薦 Gucci 博物館。因為這個品牌經歷了不同年代的設計師，在不同年代推出大膽風格設計的時裝，亦有他們於不同年代的經典系列。

　　假如你是喜歡購買這些高級品牌的產品，那麼希望你進入博物館之前必須叫自己冷靜，單單是印有 Gucci 博物館標誌的產品都足以令你瘋狂，還有一些特別版及非常罕有的產品，都可以在這裡找得到。

　　雖然只是樓高三層，總面積加起來約 1,715 平方米，比較特別的是位於三樓的「標誌廳」是用來回顧 Gucci 這個「G」字品牌標誌的發展。

　　自問平日真的捨不得買 Gucci 的產品，但是在這裡的禮品店，小小的香薰蠟燭、書籤、明信片或朱古力，算是還可以負擔得到的範圍。

　　這個 Gucci 博物館是需要入場費的，如果覺得走一圈便離開好像不夠「滿足感」的話，或者可以到他們附設的咖啡館就下來喝一杯 Gucci 的義大利咖啡，或許你可以感受到這個品牌另一種獨有的「味道」。

在拿坡里尋找披薩

文：許思庭

Pizza Napoletana 是義大利語中一種披薩的稱呼，即是「拿坡里披薩」，起源於義大利南部。要前往的話，交通其實十分便利，最簡單不過可以選擇乘搭國鐵及高鐵以便可以順利抵達了。

拿坡里同樣地與西西里島一樣都是一個豐富的歷史文化遺跡及有著大大小小美麗海灣的旅遊勝地。每年吸引了大大小小的遊客，而兩個地方對比起來，在拿坡里，大家要比較注意治安的問題。拿坡里當地亦有地鐵及纜車服務，不過車站數目相對較少，要遊覽各大景點真的要花上不少腳力。

不過，以我的經驗來看，除了要到聖埃莫堡看夜景，距離稍遠可能要乘搭計程車之外，其他的景點，要前往的話都相對較簡單。

很多人說到義大利旅行，希望可以吃得到美味及正宗的傳統披薩，所以來到拿坡里旅行，就必定要到開業 150 年歷史的餐廳 L'Antica Pizzeria Da Michele。大家不要被它的開設年分所嚇到，其實是一間看起來很普通的披薩小店，而口味就只有兩種 Margherita 及 Marinara。可能你會問：「就憑這兩個口味，就可以經營了 150 年？」沒有一片肉，沒有一點點海鮮，這樣也算是披薩嗎？對，有人覺得這樣好像是一成不變，沒有創新精神，可是對於義大利人來說，這就是他們的傳統，這就是他們的味道；為什麼要改變？

就是這一種簡簡單單的原味，麵團、番茄、起司、橄欖油、羅勒及鹽巴，就做出了 Margherita「瑪格麗特披薩」。

　　出發尋找另一款拿坡里特有的披薩前，可以先到海邊走走，有一個很古舊的小小堡壘，它有一個很可愛的名稱叫「蛋堡」，據說已經有兩千多年的歷史，稱得上是當地最古老的城堡，這座城堡內是可以免費參觀各種展覽，走到陽台便可欣賞到一望無際的海灣風景。回市區的路程中，不妨到被稱為世界前十大的咖啡廳 Gran Caffè Gambrinus，雖然同樣只是可以站在吧枱前面來喝，但可以感受到這裡華麗典雅的裝潢，確實是有一種高尚的氣派。這一間咖啡館有一個特色，就是營業時間可以到凌晨三時，其實到底有什麼人凌晨時分不想睡覺，要到咖啡店喝咖啡更提起精神？

　　有一種拿坡里的街邊小食「炸披薩」，從咖啡館走出外面就會看到人潮在輪候購買，由著名品牌 Sorbillo 所開設的炸披薩店，其實都沒有什麼特別，外面好像台灣的炸蔥油餅，只不過內裡的餡料換上了起司及蕃茄而已，不過怎樣也好總算試過，到此一遊。

原來西西里島沒有西西里咖啡

文：許思庭

　　我喜歡喝咖啡，但不太喜歡美式咖啡，就算是加了糖給牛奶，始終是受不了那種苦得令我發抖的感覺，後來有朋友向我推薦一種冷飲的咖啡口味叫「西西里咖啡」，即是黑咖啡加檸檬汁，本來我心想，一定是很難喝吧，又酸又苦……但在朋友的盛情推薦底下，我還是點了一杯，結果原來兩者配合起來卻產生起另一種化學作用，或許是檸檬抵消了黑咖啡的苦澀味，自此之後，我也喜歡去到不同的咖啡店試試他們的西西里咖啡；檸檬與咖啡，原來能夠產生出有趣的變化。

　　有一天與朋友一起在咖啡店，一起品嚐西西里咖啡的時候，朋友忽發奇想問：「西西里咖啡起源是否真的來自義大利呢？」我笑了笑搖搖頭說：「不是。」

　　事實上，義大利人不喜歡喝冰咖啡，大部分的咖啡店看起來有點像酒吧的吧檯，人們匆匆的坐在吧檯前面的椅子上，說一聲「Espresso」，店員就會馬上泡製出一杯一口便可以喝光光的咖啡。不知道是不是習慣與口味的問題，我真的覺得很苦。義大利人把它一口喝完放下零錢就馬上離開。

　　西西里位於南區的一個小島，為什麼與西西里咖啡扣連在一起？可能是因為這個小島長時間都是陽光燦爛，是一個盛產檸檬的地方。

　　這裡是個有陽光與海灘、人們懂得享受生活的小鎮風鎮，不單止吸引到世界各地的遊客，更加已經是當地人的度假天堂。於 2000 年上映

的電影《西西里的美麗傳說》，更加讓世人看到這個地方如何多麼令人嚮往。

人在西西里島可以有身在希臘一樣的感覺，坐落於阿格里真托市的南邊，有一個地方叫做「神殿之谷」，據說是自古希臘以來保存得最好的神廟群區，並且已經列入世界遺產項目之一，雖然看起來不是很完整，但的確是相當珍貴。

沿著南邊的海岸走到東岸的陶爾米納，另一個希臘歷史留下來的巨型古代遺跡，是一個半圓形設計的希臘古代劇場。

假如有看過電影《西西里的美麗傳》，就會知道主要取景地點就是錫拉庫薩，女主角莫妮卡貝魯奇經常穿過的廣場，正是奧爾蒂賈島大教堂的廣場。

提到西西里的教堂，被列為世界文化遺的「切法盧大教堂」當然有它的過人之處，教堂內天花圓頂鑲嵌式畫像「全能的基督」（Christ All Powerful），歷史久遠，而且至今保存得仍然相當完整。在教堂的外面再走過一段路，就會發現到一個半月形的海灘，連綿不絕的細沙，來到黃昏日落的時候，大海就好像從一顆蔚藍色的寶石，變成如夢似幻的醉人黃昏。

流動的饗宴：巴黎的光與影

文：銀河鐵道之夜

花都巴黎予人印象多半是浪漫而優雅，身為啟蒙時代（Age of Enlightenment）的世界文化中心，更有照亮人類的「光城」（La Ville-Lumière）美譽。諾貝爾文學獎得主、美國作家海明威（Ernest Miller Hemingway）身後所出版的回憶錄《流動的饗宴》（A Moveable Feast）中寫著：「如果你夠幸運，在年輕時在巴黎待過，那麼巴黎將永遠跟著你，因為巴黎是一席流動的饗宴。」

不過，如世上大多數事物一樣，巴黎雖有著光明，但也有陰影。網路上相當容易找到對巴黎的惡劣印象，例如：市民對遊客不友善、不屑使用英語、建築物老舊、消費昂貴、治安欠佳，地鐵、塞納河畔、許多街道上都有揮之不去的尿騷味……

這些都是事實。但即使有這許多的缺點，巴黎仍絕對值得成為你一生必須造訪一次的城市。波旁王室第一君、亨利四世曾說：「巴黎頗值一場彌撒」，當然，巴黎經歷過法國大革命、普法戰爭、巴黎公社、二次世界大戰等人禍，早已遠非當年，但從中世紀以來，巴黎一面保留歷史記憶，一面在 19 世紀末都市大改造起形成一致的風格，許多 1870 年代的都市計畫限制至今仍然通用。

巴黎有塞納河貫穿其中，分為南、北岸，也就是俗稱左、右岸；大致而言，多數精品、高級酒店、古蹟在右岸，學術與文教機構與較晚近的景點集中於左岸，年輕人多，消費也相對便宜，包括花神咖啡館、莎士比亞書店、艾菲爾鐵塔都在左岸。

　　不論在哪一岸，適應法國人相對緩慢而悠閒步調，對東方人而言都是必要的。臺灣相較東京、首爾、香港、上海，已算緩慢，但在巴黎，仍嫌太快。舉例說，許多巴黎市民的假日休閒活動，很可能只是找家咖啡館，或在杜樂麗花園噴水池旁坐上半天，看著路過的人們，或是凝視著噴泉發呆。

　　受限於都市計畫，巴黎保留了大量舊建築。加上物價和消費昂貴，多數咖啡館店面既不寬敞，除室內座位外，屋簷下或戶外通常還會擺設露天座位，緊靠著窗就是一排面對路邊的座位這樣是很常見的，坐在這裡可以觀察往來的人們，也要承受著路人的目光。這對東方人而言較不習慣，但對當地人們來說可能只是日常，當然，他們也不會特別在意別人的注視，也不太會看路過的他人，更可能只是凝望街景，享受自己的時間。

　　在左岸享受早晨咖啡後，不妨找攤販買點沙其馬之類的小食當中午點心——由於移民眾多，而且巴黎人的嘴巴也頗為挑剔，這類路邊食物美味往往不亞於米其林餐廳。然後移至右岸，在杜樂麗花園草坪或噴水池前發呆幾小時，再沿花園旁香榭麗舍大道漫步往協和廣場、凱旋門，折返後再看看夜間的羅浮宮廣場，會是相當悠閒舒適的一天。

旅行的意義：巴黎食生活

文：銀河鐵道之夜

　　陳綺貞的《旅行的意義》，歌詞裡提到品嘗夜的巴黎，可惜筆者造訪時是一趟商務行程，除了其中一晚在塞納河遊船上，其他都是在不同的餐廳或宴會廳裡度過，因此巴黎夜晚給我最深刻印象，莫過於燈火絢爛的艾菲爾鐵塔和通過的那些橋樑了。不過說到品嘗，倒是吃了不少法國料理。

　　在巴黎，或說在整個法國，從星級酒店到一般餐館，比較正式的一餐，不論是午餐或晚餐，基本上都有三道菜：冷盤（hors d'œuvre）、主菜（plat de résistance），以及甜點（dessert）。也有部分在冷盤前還會有道濃湯（soupe），另外麵包是隨時提供，此外通常會有三個杯子，紅酒、白酒、氣泡水各使用其一，都是無限續杯。

　　菜式雖然極少，不過與之相對的用餐時間，卻是壓倒性的漫長。每頓都是兩小時起跳，用餐過程也是社交過程，即使不是像筆者這種商務旅行，一般正式的一頓飯都是如此折騰的。餐桌禮儀與餐具使用順序也必須很小心。

　　由於法國夏季日落較晚，晚餐通常是晚上八、九點才開始吃，用餐過程更像漫長的拷問。食物當然都相當精緻好吃，因為法國人除了味道外也相當注重視覺，但是在上菜間隙中冗長的談話量也很耗精神。如果在沒有調整好時差的情況下，和法國人一同進餐，沒幾頓就吃不消。

　　坦白說，法國料理固然好吃又美觀，特別是甜點，幾乎每家餐廳做出來的不論外觀或擺盤都堪稱藝術品，對法國蝸牛、鴨肉類料理也相當

獨到，不過個人認為很容易膩，特別如果飲食口味比較東方，只能偶爾吃。在巴黎不到三天，筆者就開始想念白飯、味噌湯、炒青菜這些家鄉味。

在將近萬里之外的巴黎，餐桌上讓人反思起旅行這件事。離開習以為常的生活與地方，移動到異文化、不同環境，那種新奇和衝擊讓人興奮和愉悅，而且到異國旅行而非移民，代表至少是不用思考如何營生，只要體驗，沒有責任和壓力，確實能放鬆或重新充電。

不過反過來說，如同人際關係裡分離反而能激發起想念，在異地也可以確認日常生活裡那些人、事、物之於自己意義為何，有哪些該放下的，有哪些該修正的。我想這就是為何成千上萬的人喜歡旅行，需要這樣移動。

我們總是須要更新什麼、消除什麼、啟動什麼，村上春樹在歐洲長住期間生活雜記《遠方的鼓聲》（遠い太鼓）中把想旅行的衝動比喻成遠方傳來的鼓聲。某種程度上我相當認同，在遠方傳來鼓聲時，動身去探尋聲音來源，親自確認後，再回到日常生活，找到節奏繼續舞動，就是旅行的意義。

柏林一瞥

文：銀河鐵道之夜

對於很多男人而言，若要說有個嚮往的外國，德國很可能是首選。這片土地誕生過世界上最出色的天文學家、物理學家、數學家、音樂家、宗教改革家、哲學家、社會學家，以及不知是幸抑或不幸，最傑出的現代軍事家們。而曾如同德國般一分為二的首都柏林，正是歐洲第一大國近代史的縮影。

自九世紀法蘭克王國解體，德國長期陷入實質上的分裂，直到 1871 年才在一連串精心設計的外交與戰爭陰謀下擊敗實現統一，然而副作用是不到 50 年的短命德意志帝國崩潰，二次世界大戰德國都處於兩面作戰，尤其二戰更飽受摧殘。事實上，國際政治、列國體系和宗教自由精神影響深遠的三十年戰爭，主戰場也是在德國境內，可以說日耳曼先民的生命奠定今日世界秩序也不為過。

柏林現在雖然是德國人口最多的都市，也是 16 邦中僅有的三個城邦之一，但一向都不是德國經濟中心，西南方巴伐利亞邦與德西萊茵河沿岸才是最為富庶之處，其能成為首都，是因為德國首度在日耳曼人民族自決下實現統一，是由普魯士領導，所以普魯士首都自然成為德國首都。

二戰後柏林成為冷戰最前線，德國分為東、西德，柏林也曾被分裂為兩半，1961 年，東德築起大名鼎鼎的柏林圍牆，更成為鐵幕的象徵，1990 年，柏林圍牆倒塌亦是冷戰結束最大象徵，除了有名的查理檢查哨之外，圍牆留下的部分很少，僅少數路段有用鵝卵石特別標示出原有圍牆範圍。

　　德國相當正面而嚴肅看待歷史，或者說以德國人的民族性，是正面而嚴肅看待所有事。儘管一次大戰後被迫不公平獨自承受戰責指控又面對過於苛刻的條款，造成短命的威瑪民主後，一代大獨裁者希特勒（Adolf Hitler）崛起並再次引發大戰，但德國人並不迴避曾經犯錯，他們並不認為是希特勒個人責任，而是透過選舉賦予他權力、在他恣意侵略他國時也投入戰爭狂熱的國民集體責任。

　　所以，他們既能向波蘭與猶太族裔認錯，甚至不惜由總理代表下跪道歉；同時他們也將納粹黨（Nazi，希特勒所領導國家社會主義德國工人黨簡稱）及其主張列為非法同時，保留納粹時期留下的遺產，例如境內大部分的高速公路，以及位於柏林、為 1936 年夏季奧運興建的奧林匹克體育場。

　　奧林匹克體育場周邊開闢成公園園區，體育場逃過戰火洗禮後曾舉辦過兩次世界盃，而且至今也仍有職業足球俱樂部當作主場使用。這座宏偉的建築於 2000 年曾翻修重建，但增添現代設施同時也相當注意保留歷史元素，因此外觀仍然保留原始的羅馬式復古設計。

　　柏林整體也像奧林匹克體育場，融合各種時代、各種風格建築，而不失整體感，而且雖然不如巴黎、倫敦有整體都市計畫且從未歷經城市分裂，可道路大致上都比上述兩大城寬闊得多，反而給人更明朗開闊的印象。

　　相較於其他先進國家首都或最大城市，柏林的步調慢得多，由於物價水準較合理，這裡也是許多年輕藝術家或後起之秀活躍和聚居的地方。

如果要說有什麼美中不足，食生活可能沒有巴黎或南歐豐富。餐廳雖然不太容易出現你承受不起的價格，但是不保證東西好吃，而且一般人印象裡能代表德國的經典食物包括香腸、啤酒、豬腳，或是其實發源自奧地利的炸肉排（Schnitzel，德國多用豬排，奧地利用牛排），都是南德的食物，就算在柏林，也得特別找才行，並不是到處都有。

狼　堡

文：銀河鐵道之夜

　　德國是體育大國，8,100 萬餘人口中有半數是常態運動人口，足球更為風行，曾四奪世界盃冠軍，讓英格蘭傳奇、現為足球名嘴的李尼克（Gary Lineker）留下那句經典：「Football is a simple game. Twenty-two men chase a ball for 90 minutes and at the end, the Germans always win.」（足球是簡單的遊戲。22 個人在 90 分鐘內追著一顆球，在結束時，德國人總是贏。）

　　筆者訪德時有幸看到德國超級盃（DFL-Supercup）決賽，由當屆德國甲級聯賽冠軍拜仁慕尼黑（FC Bayern München）與德國盃（DFB-Pokal）冠軍沃夫斯堡（VfL Wolfsburg）爭奪。先失球的沃夫斯堡在第 89 分鐘追平，最後戲劇性地在互射 12 碼球（Penalty shoot-out/Penalties）以 5：4 逆轉。

　　這場超級盃是在沃夫斯堡主場狼堡（Wolfsburg，筆者習慣以沃夫斯堡稱球隊、狼堡稱地名）舉行。狼堡是全德國人均收入最高城市，也有著全球最大汽車工廠。就如同韓國水原市因為三星集團興起，狼堡也是因為福斯汽車（Volkswagen）總部座落於此，專門為員工及眷屬打造居住地而冒出頭來的城市。而在空運興起前，狼堡位於中德運河、易北河匯流處，使得福斯汽車零件、產品運輸都相當方便，至今運河也還發揮著很大作用。

　　狼堡固然有從中世紀起就見於史籍、地名由來的城堡，但現有城區幾乎都是 20 世紀因為福斯汽車才出現，1945 年前，城市名稱是法勒斯勒本福斯汽車城（Stadt des KdF-Wagens bei Fallersleben），由於第二次

世界大戰時福斯汽車與德國軍方關係密切甚至生產軍用車輛，戰後轉交英國託管時，才根據轄區內古城堡改名。

　　至今狼堡人口仍有大部分是福斯汽車員工，沃夫斯堡這家當地最富盛名運動俱樂部（事實上除足球還包括桌球、籃球、排球、保齡球、拳擊、柔道等 20 餘種運動）球場也由福斯汽車冠名。由於德國規定運動俱樂部不得冠名企業，因此福斯汽車事實上是以沃夫斯堡俱樂部會員身分支持這些運動隊伍。

　　儘管英格蘭足球以其媒體與商業優勢在全球享有更高知名度，但歐洲現場上座率最高、氣氛最好的還屬德國各種足球賽事。在德國，就算是較低級別的賽事都常見滿場數萬人，有重要比賽更是可能全城淨空。

　　日常相對拘謹嚴肅的德國人只有在看球時會釋放情緒，但是依然是有節制的，像南歐或南美的觀眾不滿會將雜物或煙火丟入場內並不常見，也罕見有類似英國、俄羅斯那種足球流氓鬧事。而且劍拔弩張後，觀眾仍會維持運動家精神，予勝隊掌聲，也給輸家鼓勵。

　　足球加啤酒就是許多德國人最大的娛樂活動。若有機會造訪德國，建議不妨安排行程觀看足球賽，除了感受球場氣氛和高水準運動競技，就筆者經驗，德國人最容易展現真性情和最好親近的時刻非足球場莫屬——當然，還是得小心別太得罪主場球迷，特別是他們球隊輸球時……

國家圖書館出版品預行編目資料

歐遊情懷／白雪、Aima、列當度、許思庭、銀河鐵道之夜　合著.
　—初版.—
臺中市：天空數位圖書　2020.12
　面：公分
　ISBN：978-986-5575-08-3（平裝）

719　　　　　　　　　　　　　　　　　109021345

書　　　　名：歐遊情懷
發　行　人：蔡秀美
出　版　者：天空數位圖書有限公司
作　　　者：白雪、Aima、列當度、許思庭、銀河鐵道之夜
編　　　審：亦臻有限公司
攝　　　影：白雪、Aima、銀河鐵道之夜
製 作 公 司：君溢有限公司
版 面 編 輯：採編組
美 工 設 計：設計組
出 版 日 期：2020 年 12 月（初版）
銀 行 名 稱：合作金庫銀行南台中分行
銀 行 帳 戶：天空數位圖書有限公司
銀 行 帳 號：006-1070717811498
郵 政 帳 戶：天空數位圖書有限公司
劃 撥 帳 號：22670142
定　　　價：新台幣 520 元整
電子書發明專利第　Ｉ　306564 號

※　如有缺頁、破損等請寄回更換

Family Sky

紙本書編輯印刷：
電子書編輯製作：
天空數位圖書公司　E-mail：familysky@familysky.com.tw　http://www.familysky.com.tw/
地址：40255台中市南區忠明南路787號30F國王大樓　Tel：04-22623893　Fax：04-22623863